中公新書 2503

和田裕弘著

信長公記——戦国覇者の一級史料

中央公論新社刊

はじめに

日本の歴史上の人物の中で最も人気の高い一人が織田信長《おだのぶなが》だろう。その一代記が『信長公記《しんちょうこうき》』と呼ばれる軍記物である。信長研究の基本史料でもある。通常、いわゆる軍記物は、日記や書状などの一次史料に比べて信憑性《しんぴょうせい》が低いといわれるが、『信長公記』は一次史料に準じる史料として扱われている。その理由の一つは、信長のそば近くに仕えた家臣が著者だったことによる。

現在、われわれが信長を思い描く時、『信長公記』に記された史話が大きく影響している。峻烈《しゅんれつ》な性格で傍若無人な振る舞いなど信長のイメージを形作っている。これには、小説や歴史ドラマなどの影響も大きいだろう。父親の葬儀で仏前に抹香を投げつけるシーンや、岳父である斎藤道三《さいとうどうさん》との対面など、若き日の信長の姿を描く場面は、この『信長公記』の記事を土台にしている。

著者の太田牛一《おおたうしかつ》は、信長に弓矢の力量を認められ、馬廻衆《うままわりしゅう》の一人として信長に近侍した。のち信長の重臣丹羽長秀《にわながひで》の与力《よりき》となって奉行《ぶぎょう》職もこなしたが、信長の直臣という誇りを生涯持ち続けた。

牛一は、自身の日記を記すついでに、日記とは別に記録を残しており、後年、これらの日記や記録をもとに『信長公記』を編述した。『信長公記』の素材となった史料そのものは確認されていないが、信長と同時代に生き、しかも信長の旧臣が著述していることから、その信憑性が高いのは当然だろう。さらに、牛一自身、奥書《おくがき》で「故意に削除したものはない。また、創作もしていない。もし、これが嘘《うそ》なら天罰を受けるだろう」と断言している。

現在、『信長公記』を読もうとすれば、読み下しで詳細な脚注などが施されたものがあるが、すでに初版から半世紀も経過している。また、現代語訳されているものもあるが、原典から直接訳されているものではないようである。近年、『信長公記』研究は新たに発見された写本も含め、急激に研究が進展している。幸い、筆者は『信長公記』諸本調査の一員として数多くの伝本《でんぽん》を調査する機会に恵まれた。

この本では、新書という性格上、『信長公記』の内容を網羅することはできないが、『信長公記』の記事の中から、興味深いと思われる項目を抜粋して解説を加えていく。その際、牛一の自筆本はもちろん、重要な写本も含めて取り上げることで、『信長公記』を幅広く、かつ正確に読み込んでいきたい。また、最新の信長研究の成果も盛り込むことで信長への理解を深めていただければと念願している。

本書の構成は、序章で『信長公記』を読むにあたっての基礎的な事柄に関し、その書名から各種伝本、著者の牛一の事歴などについて簡略に説明を加える。以下の各章では、興味深いトピックとして二十八項目を取り上げて読み解いていく。

凡例

原本からの引用は、現代仮名遣いで読み下し文にし、漢字を平仮名に、平仮名を漢字に改めた部分がある。また、現行の漢字に改めた箇所もある。原本には主語などが省かれていることもあるが、諸伝本を校合《きょうごう》することで文意が通じやすくなるため、読み下し文では諸伝本を組み合わせて理解しやすいように工夫した。ただし、煩雑になるため伝本名は省略した。読みやすさを考慮し、送り仮名、助動詞、助詞、濁点などを補った。また、文意を取りやすくするために、月日などを括弧《かっこ》で補足した部分もある。日付などの数字の「廿」は「二十」、「卅」は「三十」などに改めた。〈 〉内に読み下し文、（ ）内に現代語訳を入れた。現代語訳は、理解しやすいように意訳している部分もある。他の史料からの引用は「 」で括《くく》り、『信長公記』を含む牛一著作からの引用である〈 〉とは区別した。

原本にある片仮名の振り仮名は牛一自身の手になるものと思われ、必要に応じて原文のままの片仮名で振り仮名を加え、筆者の加えた平仮名の振り仮名と区別できるようにした。

誤写と思われるところは、他の伝本で補った箇所もある。例えば、陽明文庫所蔵本で「犬飼内蔵」という箇所は、尊経閣文庫所蔵本の「助」を補い、「犬飼内蔵助」とした類《たぐい》である。

人名は、一般に通用しているものを用いた。例えば、長岡忠興は、信長の時代には細川忠興と称した時期はないが、通用している細川忠興にした類など。初出時にはできる限り併記するようにした。ただし、豊臣秀吉という名称は、信長時代にはあまりにもそぐわないので、羽柴（木下）秀吉にした。

序章で触れることになるが、『信長公記』には数多くの伝本が伝わっており、頻出する伝本はおおむね所蔵者名を冠して左記のような略称を用いた。また、『安土日記』の書名で伝わる伝本は数種あるが、単に『安土日記』と記した場合は、尊経閣文庫所蔵『安土日記』を指す。

伝本の略称は次の通り。

『信長公記』（建勲神社所蔵）……建勲本
『信長記』（岡山大学附属図書館池田家文庫所蔵）……池田本
『信長記』（天理大学附属天理図書館所蔵）……天理本
『大田《ママ》和泉守日記』（藤井良史氏所蔵）……藤井本
『信長公記』（陽明文庫所蔵）……陽明本
『信長記』（個人所蔵）……個人蔵本
『信長記』（太田直憲氏所蔵）……太田本
『太田牛一旧記』（織田裕美子氏所蔵、本来は無題）……旧記

目次

織田氏略系図

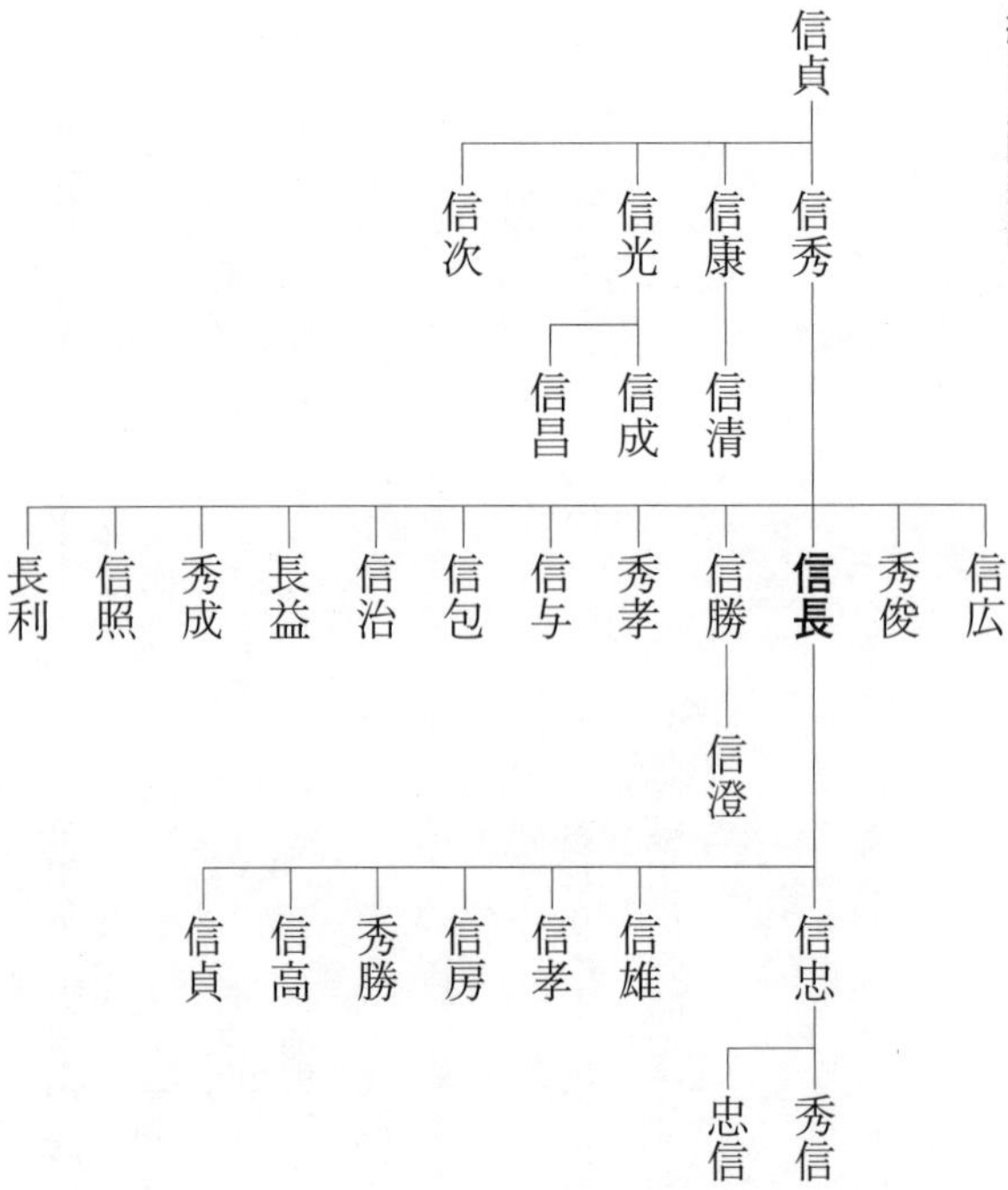
信貞
信秀
信康
信光
信次
信清
信成
信昌
信広
秀俊
信長
信勝
秀孝
信与
信包
信治
長益
秀成
信照
長利
信澄
信忠
信雄
信孝
信房
秀勝
信高
信貞
秀信
忠信

越前
飛騨
信濃
美濃
大桑
加治田
稲葉山
(岐阜)
猿啄
曽根
宇留間
岩村
大垣
犬山
岩倉
小牧山
清洲
守山
勝幡
那古野
末盛
古渡
熱田
小木江
長嶋
鳴海
三河
大高
尾張
岡崎
長篠
緒川
安城
遠江
三方ヶ原
浜松
大河内
志摩
伊勢

一乗谷
越前
金ヶ崎
手筒山
敦賀
疋田
美濃
丹後
若狭
小谷
長浜
姉川
横山
佐和山
丹波
観音寺
堅田
安土
箕作山
坂本
守山
亀山
二条
京
宇佐山
逢坂
山科
近江
日野
勝龍寺
摂津
槇島
芥川
高槻
茨木
山城
有岡（伊丹）
交野
尼崎
野田
伊賀
花熊
若江
多聞山
大坂
信貴山
伊勢
高屋
片岡
堺
河内
大和
和泉

鳥取
但馬
羽衣石
伯耆
因幡
岩倉
竹田
岩洲
美作
福原
上月
播磨
姫路
神吉
三木
宮路山
備前
冠山
高松
備中
岩屋
淡路

伊豆 駿河 遠江	静岡
三河 尾張	愛知
美濃 飛騨	岐阜
信濃	長野
甲斐	山梨
越後 佐渡	新潟
越中	富山
能登 加賀	石川
越前 若狭	福井

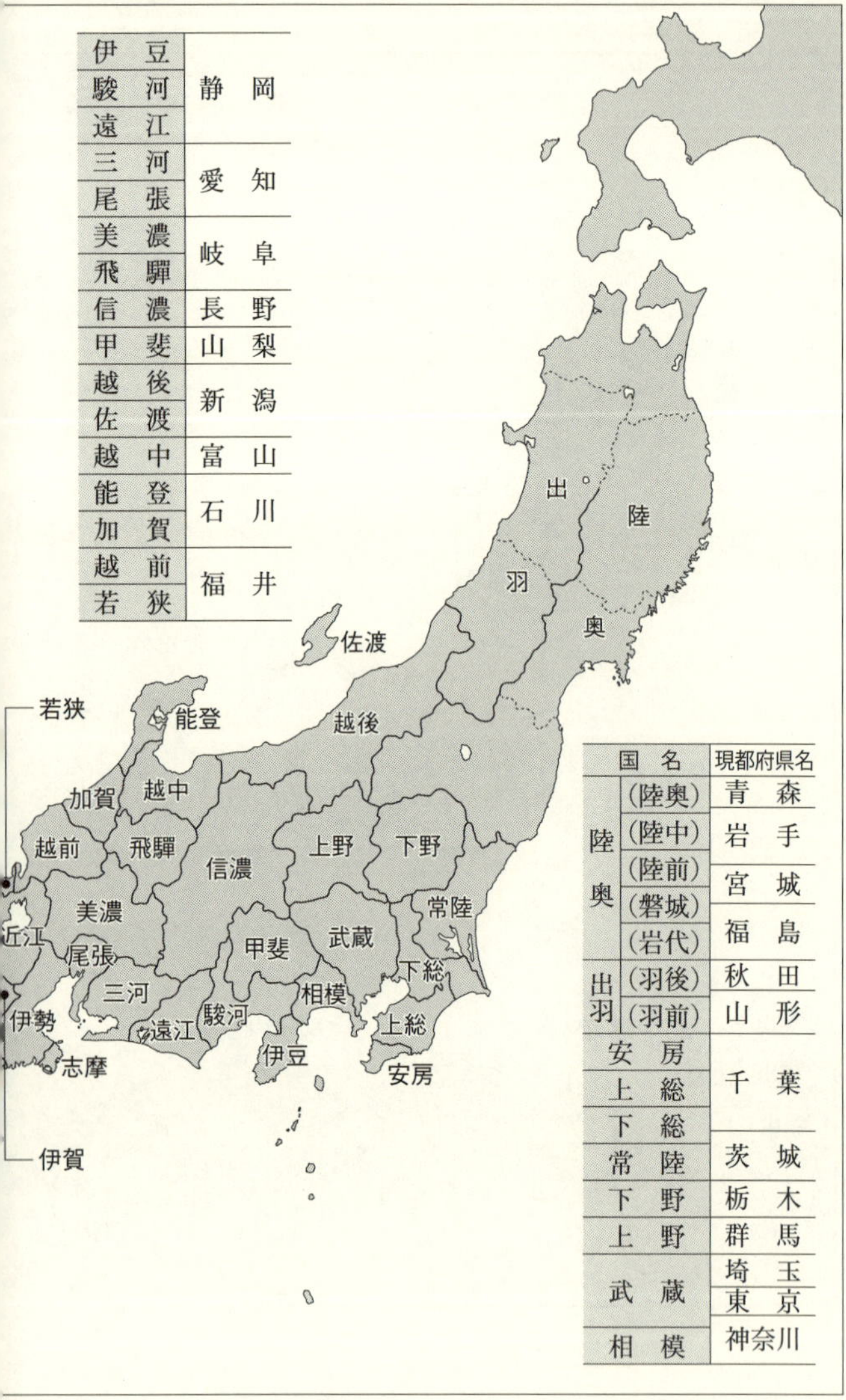

国名		現都府県名
陸奥	(陸奥)	青森
	(陸中)	岩手
	(陸前)	宮城
	(磐城)	福島
	(岩代)	
出羽	(羽後)	秋田
	(羽前)	山形
安房		千葉
上総		
下総		
常陸		茨城
下野		栃木
上野		群馬
武蔵		埼玉
		東京
相模		神奈川

筑前	福岡
筑後	
豊前	大分
豊後	
日向	宮崎
大隅	鹿児島
薩摩	
肥後	熊本
肥前	佐賀
壱岐	長崎
対馬	

阿波	徳島
土佐	高知
伊予	愛媛
讃岐	香川
備前	岡山
美作	
備中	
備後	広島
安芸	
周防	山口
長門	
石見	島根
出雲	
隠岐	
伯耆	鳥取
因幡	

近江	滋賀
山城	京都
丹後	
丹波	兵庫
但馬	
播磨	
淡路	
摂津	大阪
和泉	
河内	
大和	奈良
伊賀	三重
伊勢	
志摩	
紀伊	和歌山

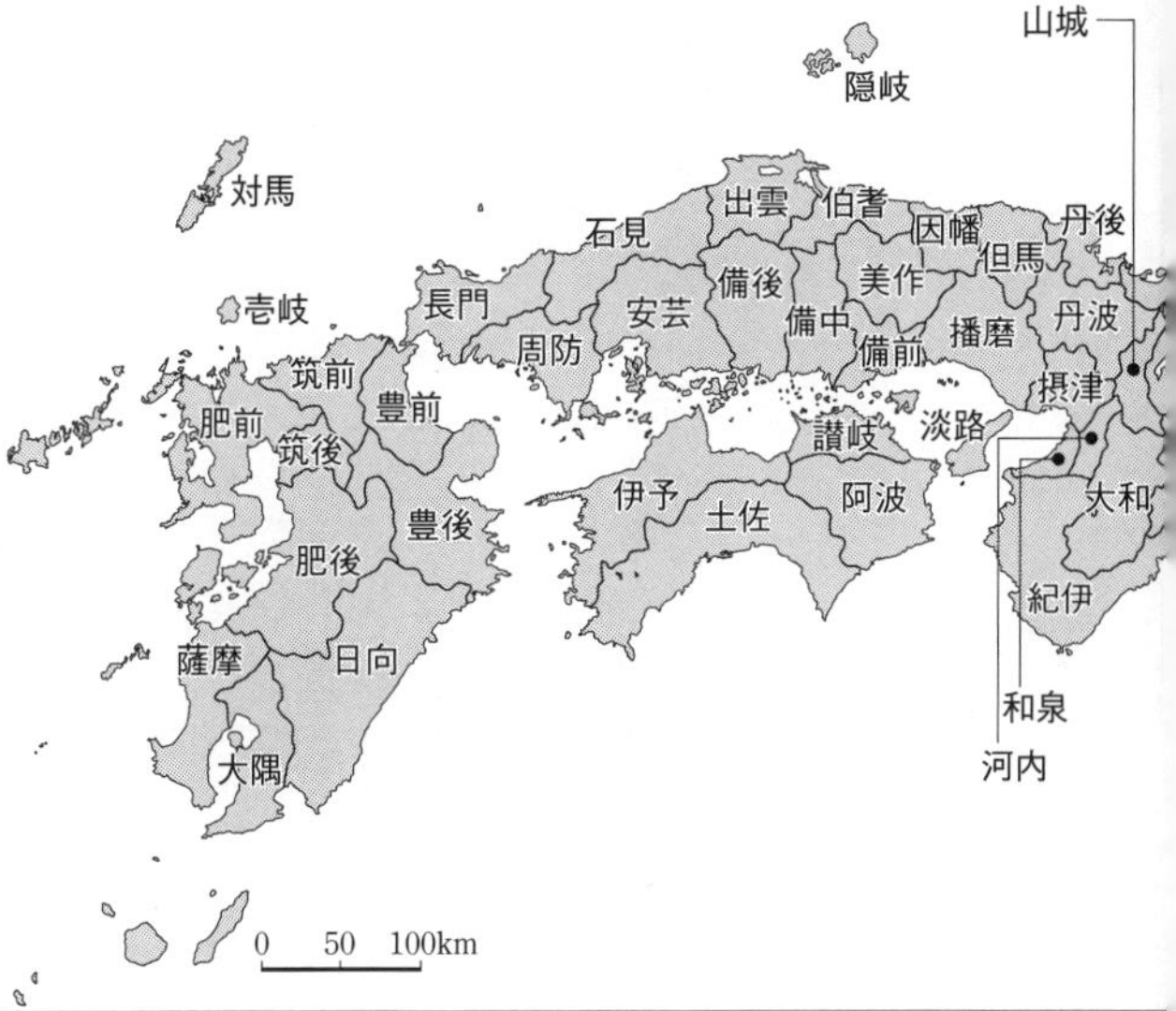

戦国期において、個人の実名（諱）は不詳であることが少なくない。例えばキリシタン大名として著名な高山右近は、重友など複数の諱が伝わるが、そう名乗った事実を良質な史料から確認することは困難である。そのため本書では、より確実である右近という通称を優先的に用い、諱については参考程度に紹介するに留めた。

諱の訓読についても同様に不確定だが、読者の便宜を考慮し、筆者の推測により読みがなを振った場合があることをお断りしておく。

信長公記

――戦国覇者の一級史料

序章　『信長公記』とは

二つの『信長記』

『信長記』『信長公記』という書名については少し説明が必要になる。信長に詳しい方なら、二つの『信長記』があることをご存じかもしれない。じつは『信長記』には二人の作者がいる。二人といっても共作ではない。信長の旧臣太田牛一が著した『信長記』と、これを土台に小瀬甫庵《おぜほあん》（儒学者、医者）が増補（「重撰《じゅうせん》」）した『信長記』（以下、『甫庵信長記』）がある。甫庵は、豊臣秀吉《とよとみひでよし》の一代記『太閤記《たいこうき》』の作者でもある。

皮肉にも、のちに増補した『甫庵信長記』が江戸時代に版行されてベストセラーとなって流布した。大名家をはじめとした家譜や系図類、さらに地誌類にもその内容が無批判で採用され、その内容は広く浸透し、『甫庵信長記』の説が定着したものもある。桶狭間《おけはざま》の戦いの奇襲や長篠《ながしの》の戦いでの鉄砲三千挺《ちょう》などがその典型例である。

これに対し、「本家」の牛一『信長記』は、江戸時代を通じて版行されることはなく、自筆や写本などで大名家などに秘本的に伝わり、稀書《きしょ》としての扱いを受けていた。江戸時代には、牛一『信長記』の存在を知って伝手《つて》を求めて閲覧を希望する文人もおり、「実録と謂《い》うべし」という評価もあった。

しかし、江戸時代を通じて『信長記』といえば、基本的には『甫庵信長記』を指した。牛一『信長記』は、『太田（大田）和泉守《いずみのかみ》日記』『太田（大田）牛一日記』などと呼ばれていた。牛一のことを「信長記の作者」と記すこともあったが、これは例外に属する。

牛一『信長記』は明治になって初めて刊行され、その時の書名が『信長公記』（上洛《じょうらく》以前の記録「首巻《しゅかん》」が付帯）だったことから、本家の牛一本は『信長公記』、増補版の『甫庵信長記』は『信長記』として定着した。

これだけなら、強いて使い分けする必要はないが、牛一自筆本の題箋《だいせん》に『信長記』と書かれているものがあるため、ややこしい。この自筆本は本編（「首巻」を伴わない）のみの構成であるため、牛一本そのものについても、首巻を含むものが『信長公記』、首巻を伴わないものを『信長記』と呼ぶようになって混乱に拍車をかけている。

最近では、牛一本は『信長記』、甫庵のものは著者名を冠して『甫庵信長記』と区別する傾向にあるが、この本では、牛一本『信長記』を、便宜上、現在通用している『信長公記』

の名称で使用していく。

『信長公記』の概要

『信長公記』には、牛一の自筆本、写本を含めて数多くの伝本が伝わっている。『信長公記』の一部に相当する短編や残闕本《ざんけつぼん》などを含めると七十本以上が確認されている。

足利義昭《あしかがよしあき》を奉じて上洛の師を起こした永禄《えいろく》十一年（一五六八）から、本能寺《ほんのうじ》の変で斃《たお》れる天正《てんしょう》十年（一五八二）までの十五年間を、一年一冊（一帖《ちょう》）ずつにまとめた「本編」と、これに上洛以前のことを記した「首巻」を伴ったものとの二種類に大別できる。

このほか、『信長公記』の中から、ある出来事だけを抜き出したと思われる短編や、「本編」が部分的に伝わっているもの、「首巻」だけのものなどが確認されている。『信長公記』から抜き出したと書いたが、天正九年（一五八一）二月の京都馬揃《うまぞろ》えなどのことを記した抜書《ぬきがき》もあれば、逆に、もともと短編として完成していたものを『信長公記』に組み込んだと思われる短編もある。また、こうした前後関係が不明なものもある。

短編物では、巻一（永禄十一年）に相当し、上洛記とも称すべき『永禄十一年記』のほか、安土《あづち》城のことを記した『安土御天主之次第《あづちごてんしゅのしだい》』、本願寺《ほんがんじ》の大坂退去を記した『新門跡大坂退散《しんもんぜきおおさかたいさん》之次第《のしだい》』などが確認されている。

また、重要な出来事や牛一が直接見聞したものは短編としてまとめていた可能性もある。確認されていないが、『信長公記』の記述から推測すると、天正七年（一五七九）に信長は京都屋敷（二条御新造《にじょうごしんぞう》）を誠仁親王《さねひと》（正親町《おおぎまち》天皇皇太子）一家に譲ったが、その顚末《てんまつ》を記したものや、天正三年の長篠の戦いをまとめたものなどが想定される。これらは『信長公記』とは違う書名で伝わっている可能性もあろう。今後の課題でもある。

重要な伝本

自筆本については、現在確認されているものは、建勲《たけいさお》神社所蔵『信長公記』（建勲本）、池田《いけだ》家文庫所蔵『信長記』（池田本）、大坂本願寺との戦いを中心とした『太田牛一旧記』（原本は無題。旧記）、巻一に相当する永禄十一年（一五六八）のみの『永禄十一年記』の四本に過ぎない。

建勲本は、信長の弟織田長益《ながます》（有楽斎《うらくさい》）系の織田家旧蔵にかかるもので、明治に入って建勲神社に寄贈されたもの。池田本は、池田恒興《つねおき》次男の輝政《てるまさ》が牛一に求めて入手したと推測されているもので、自筆（巻十二は他筆）だが、池田家向けの書き換えも見られる。旧記は、牛一子孫の摂津麻田《せっつあさだ》藩の太田家から前記織田家に伝わったと推測されるもの。『永禄十一年記』は加賀前田《かがまえだ》家の文庫である尊経閣《そんけいかく》文庫所蔵にかかるもの。

前述のように『信長公記』には数多くの伝本があるが、系統としては池田本系統の写しが最も多く確認されている。また、自筆本ではないが、史料的に重要なものも伝わっている。

写本ながら最も古態を留《とど》めているのが、尊経閣文庫所蔵の『安土日記』。『信長公記』の写本の中には『安土日記』『安土記』の名称で伝来しているものがあるが、それらとは全く違う伝本なので注意を要する。尊経閣文庫所蔵の『安土日記』は、巻十一（天正六年）、巻十二（天正七年）の部分のみの残闕本である。加賀前田家の第五代藩主前田綱紀《つなのり》（松雲公《しょううんこう》）は文人大名としても知られているが、古人の著書や史料を採集し、その成果は『秘笈叢書《ひきゅうそうしょ》』としてまとめられた。残念ながら明治初年にその多くが散逸し、遺《のこ》されたものを郷土史家の森田平次《もりたへいじ》（柿園《しえん》）が、朝廷、神社、寺院、地理、記録、書籍、古文書、碑文、系譜、軍事、教訓、衛生、楽譜、詞花《しか》、詩歌、雑の十六に類別し百九十冊にまとめたものが、『松雲公採《さい》集遺編類纂《しゅういへんるいさん》』として加越能《かえつのう》文庫に所蔵されている。現在では散逸して所在不明な貴重な記録もある。

少し横道にそれたが、この綱紀が集めさせた史料の一つが『安土日記』である。もともとは安土近所の百姓が所持していたものという。大半の『信長公記』は、信長のことを「信長」「信長公」と記しているが、『安土日記』は写しではあるが、一貫して「上様」と記しており、欠字（行為の主体に対して敬意を表すためにその文字の前に空白を設けること）の配慮もそのまま写している。また、のちに編纂した『信長公記』では削除されている記事もあり、原初『信長公記』ともいうべき形態である。

このほか、注目される伝本としては、「首巻」部分の記述が他の伝本と異なる天理《てんり》本がある。桶狭間の戦いについての異説を記しており、貴重である。また、個人蔵本の『信長記』も「首巻」部分に独自の記述があり興味深い。牛一が没したといわれる慶長《けいちょう》十八年（一六一三）の奥書のある尊経閣文庫所蔵の『信長記』も他の『信長記』には見られない記述があり、研究が望まれる伝本の一つである。加賀前田家に仕えた太田（大田）家に伝来していた『織田記』や藤井《ふじい》本は、首巻部分を含み、牛一が最終的に信長の一代記としてまとめた痕跡《こんせき》を残している。

自筆の池田本の奥書を見ると、牛一は十五帖（巻）にまとめた旨を記述しており、首巻は本編とは別物と考えられているが、松平《まつだいら》文庫（福井県立図書館）に十数種類の史料を一冊に綴《と》じた『備考雑録写《びこうざつろくうつし》』（『松平文庫目録』による書名）という史料に『信長記古本草稿摘録《しんちょうきこほんそうこうてきろく》』（以下、古本草稿）という記録が収められており、その奥書には「太田和泉守綴十六帖」（太田和泉守十六帖に綴《つづ》る）と記されている。牛一が「首巻」を含めて十六帖に綴っていたことを推測させる文言である。

前述の『織田記』の冒頭にも〈織田弾正忠《だんじょうのちゅう》信長公御一世之始終記之〉、藤井本も〈織田弾正忠信長御一世之事記ス〉と記述しており、牛一自身の手で「首巻」を含めた一代記にまとめた可能性が指摘できよう。流布している「首巻」は〈さるほどに尾張国《おわりのくに》は八郡なり〉と始まるが、古本草稿は〈さるほどに織田信長公と申し奉るは、尾張国より取り出だし、文武二道勝《すぐ》れたる大将なり。然《しかる》に尾張国八郡武衛様《ぶえいさま》之御家老織田伊勢守《いせのかみ》……〉と始まり、こちらの方が信長の一代記として、より相応《ふさわ》しい書き出しになっている（後述）。

諸伝本

伝本の数が多くてややこしいので、繰り返しになるが、史料的価値が高いと思われる伝本の概要は次の通り（所蔵先は調査時点のもので、現在では変更になっている場合も想定される）。

自筆本

◇『信長公記』（建勲神社所蔵）……本編のみ。角川文庫の底本となった陽明《ようめい》本は、建勲本の写し（ただし、首巻は除く）。

◇『信長記』（池田家文庫所蔵）……本編のみ。巻十二（天正七年）のみ写本。建勲本よりも早い時期に執筆されているが、のちに手を加えている部分がある。影印本《えいいんぼん》が刊行されている。

◇『永禄十一年記』（尊経閣文庫所蔵）……本編の巻一（永禄十一年）に相当する。奥書の署名は「太田又助《またすけ》」であり、他の伝本の署名「太田和泉守牛一」よりも早い時期の執筆と思われる。足利義昭からの感状の写しの日付は、他の伝本と異なる。

◇『太田牛一旧記』（織田裕美子氏所蔵）……本来は無題。大坂本願寺との戦いを中心に描いていることから『石山《いしやま》軍記外《ほか》色々書込』という仮題もある。また最近の研究では、内容などを分析し、『別本御代々軍記』（金子拓編『『信長記』と信長・秀吉の時代』）とも命名されている。

首巻を伴うもの

◇『信長公記』（陽明文庫所蔵）……本編は建勲本の写し。角川文庫に翻刻。解説、詳細な脚注がある。兄弟本も存する（織田裕美子氏所蔵）。

◇『信長記』（天理大学附属天理図書館所蔵）……首巻部分は他の伝本と異なる部分がある。『甫庵信長記』を写している巻もある。首巻部分は『愛知県史』資料編14に翻刻。

◇『信長公記』（町田久成氏旧蔵）……明治期の叢書『我《が》自刊《じかん》我《が》書《しょ》』に翻刻。原本は所在不明。

◇『信長記』（個人蔵）……残闕本。首巻部分は他の伝本と異なる記述がある。

◇『大田和泉守日記』（藤井良史氏所蔵）……加賀前田家に仕えた牛一子孫に伝わったもの。

◇『織田記』（尊経閣文庫所蔵）……加賀太田家に伝わった伝本の系統と思われる。

その他

◇『信長記』（太田直憲氏所蔵）……摂津麻田藩に仕えた牛一子孫に伝わったもの。残念ながら本能寺の変を記している巻十五（天正十年）は欠。他本にはない記事があるほか、牛一が斯波《しば》氏の家臣だった旨の奥書もある。
◇『信長記』（尊経閣文庫所蔵）……他本には見られない記事がある。奥書の年次は慶長十八年（一六一三）。後述のように慶長十八年は牛一が没した年であり、最終的な推敲《すいこう》を経た可能性も想定されるが、即断できない。
◇『安土日記』（尊経閣文庫所蔵）……巻十一、十二のみの残闕だが、最も古態を残している。内閣文庫の『安土日記』はこの写しである。

太田牛一について

著者の牛一については、その名前の読みすらも一定していない。「ぎゅういち」と読んでいる辞典類もあれば、「うつかず」や「うつかつ」と読む説もある。「ごいち」という説もある。『甫庵信長記』の「起」には、牛一に「きうゝいち」とルビを振っている版本もある。これに従えば、「ぎゅういち」と読むのだろうが、版行の早いものにはルビは振っておらず、江戸期の読みの反映だろう。牛一の子孫は、「牛一」については法名ではなく名乗りと理解しているので、「ぎゅういち」ではなく、「うしかず（うしかづ）」なのだろう。ただ、「一」は縁起のいい「勝」と同じ読みの「かつ」と読む傾向があったことから、「うしかつ」の可能性がある。また、伝本の中には巻二奥書の追記に、後世の追筆と思われるが、「諱《いみな》牛一」

としているものがあり、「ぎゅういち」とは読まなかったのだろう。良質な史料が確認できない現状では「うしかつ」と読んでおきたい。

生年については、『信長公記』の奥書から逆算すると大永《だいえい》七年（一五二七）、信長より七歳の年長である。没年は子孫の記録によると、慶長十八年（一六一三）三月。八十七歳だった。当時としてはかなりの長寿を全うしたことになる。

牛一自身の奥書を見ると、生まれは尾張国春日《かすが》郡（春日井郡）安食《あじき》。信長の傅役《もりやく》平手政秀《ひらてまさひで》の菩提寺《ぼだいじ》の記録『政秀寺古記《せいしゅうじこき》』によると、やはり春日井郡山田庄《やまだのしょう》のうちの天台宗の成願寺《じょうがんじ》（常観寺）に育ったという。信長の弓衆として仕え、のちには信長の重臣丹羽長秀《にわながひで》の与力に転じたといわれる。『信長公記』に丹羽長秀の記事が多いのもその証左の一つである。弓衆から吏僚に転じ、京都賀茂《かも》社との折衝や近江《おうみ》では奉行職もこなした。本能寺の変の時、どこにいたのか不明だが、大坂に在陣していた丹羽長秀のもとにいた可能性もある。本能寺の変直後には賀茂社とやり取りしており、少なくとも京都近郊にいたのだろう。

その後、丹羽家の没落とともに豊臣秀吉に直仕し、山城《やましろ》で検地などをこなし、朝鮮出兵時には肥前名護屋《ひぜんなごや》に在陣した。秀吉最後の大イベントとなった醍醐《だいご》の花見では京極《きょうごく》氏付となっており、『信長公記』に京極高次《たかつぐ》がやや不自然なかたちで登場する所以《ゆえん》でもある。

史料的価値

『信長公記』の史料的価値の高さには定評がある。過度な信頼は禁物だが、いわゆる一次史料に準ずる評価が与えられており、他の軍記物とは一線を画した信頼性の高さがある。信長に仕えた経験もあり、しかもメモ魔ともいうべき筆まめさを備えていたことも信頼性を高める要因となっている。前述したが、奥書で「故意に削除したものはない。また、創作もしていない。もし、これが嘘なら天罰を受けるだろう」とその執筆態度を宣言している。牛一自身の情報不足や勘違いなどの誤りはあるが、『信長公記』の中で因果応報、天道思想に触れている牛一であれば、その執筆姿勢は信用してもいいだろう。先行研究でもその信頼性は証明されている。もちろん、明らかな誤りもある。また、伝本間で異なる記述もある。常に推敲していたと思われる牛一であれば、のちに誤りに気づいて訂正した箇所もあっただろう。

なお、「首巻」と「本編」は、本来別物であり、史料的価値は異なる。

他の著作

牛一の畢生《ひっせい》の大作は何と言っても『信長公記』だが、このほかにも軍記物などを著している。豊臣秀吉の軍記の一部と推測される『大かうさまくんきのうち（太閤様軍記の内）』や関《せき》ケ原《がはら》合戦を題材とした『内府公軍記《だいふこう》』『太田和泉守記』、公家の紊乱《びんらん》事件を取材した『猪熊《いのくま》物語』や『豊国《ほうこく》祭《さい》臨時《りんじ》祭礼《さいれい》記録』が伝わる。これらは自筆本が伝わっているほか、写本の数も多く、内容に異同もある。

このほか、『天正事録』『太田牛一筆記』『太田牛一雑記』などの書名で伝わっている著作もある。他方、太田牛一の名前に仮託している軍記もある。本願寺の記録を見ると、『大坂記』という著作もあったようだが、確認されていない。おそらく本願寺攻めについての短編物だろう。

第一章　尾張統一と美濃併呑

尾張の織田一族

越前から尾張へ

〈さるほどに尾張国八郡なり。上《かみ》の四郡、織田伊勢守、諸侍を手に付け進退して、岩倉《いわくら》というところに居城なり。半国下《しも》四郡をば、織田大和守《やまとのかみ》下知《げじ》に従え、上下も川を境に、清洲《きよす》の城に武衛様を置き申し、大和守も城中に候《そうろう》て守り立て候なり（さて、尾張の国は上下八郡から成っている。上四郡は織田伊勢守が諸侍を従えて岩倉というところを居城としている。下四郡は織田大和守が支配している。上四郡と下四郡は川を境とし、清洲城に守護斯波《しば》氏を置いて大和守が在城して守護している）〉と『信長公記』（「首巻」）は始まる。信長の生まれる前の尾張国の状況を説明したものである。

尾張国は八郡であり、上四郡（丹羽《にわ》・葉栗《はぐり》・中島《なかしま》・春日井《かすがい》郡といわれるが、異説あり。下四郡も同様）は守護代の織田伊勢守が岩倉城を居城として支配し、下四郡（海東《かいとう》・海西《かいさい》・愛知《あいち》・知《ち》多郡《た》）は同じく守護代の織田大和守が清洲城に守護斯波氏（〈武衛様〉）を推戴《すいたい》して支配していたという記述である。じつにわかりやすい尾張国の説明であることから、織田信長に関する書物ではこの記述が散見されるが、それほど単純な支配構造ではなかった、と指摘されている。また、伊勢守、大和守、武衛は、それぞれ織田信安《のぶやす》、織田達勝《みちかつ》、斯波義統《よしむね》という個人名ではなく、数世代前からのそれぞれの家を説明しているものという。

尾張の織田一族は、越前《えちぜん》守護の斯波氏が尾張の守護も兼ねた時、斯波氏に従って越前から尾張へ移ってきた。各種『織田系図』では信長は平清盛《たいらのきよもり》の子孫となっているが、信用できない。同系図では織田氏の祖を清盛の嫡男重盛《しげもり》の次男資盛《すけもり》の子「親真《ちかざね》」（親実）としている。親真は平氏滅亡後、近江国津田《つだ》郷に隠れていたが、越前織田社《おたしゃ》の神職に請われて越前に赴き、神職を継ぎ、織田氏を称したという。その十八代の後胤《こういん》が信長になる。信長は清盛から二十一代の子孫ということになる。近年、親真の実在を示す石造物が発見されたが、単に親真が実在したというだけで、織田家の祖ということが証明されたわけではない。親真の逸話は織田氏を平氏に結びつける作為と見られている。

織田家の祖として、ほぼ確実なのは明徳《めいとく》四年（一三九三）六月十七日、藤原信昌《ふじわらののぶまさ》・兵庫《ひょうごの》助将広《すけまさひろ》父子が越前町織田《おた》の織田劔《つるぎ》神社に置文《おきぶみ》（将来にわたって守るべき事柄を定めた文書）を残しているのが最も古いものである。将広の「将」は守護斯波義将《よしまさ》の偏諱《へんき》（家臣などに一字を与えること）と思われ、斯波氏の直臣だったのだろう。信長を含め尾張の織田氏は、真偽はともかくとして藤原氏を名乗っていたので、尾張織田氏の遠祖の可能性が高い。後年、越前を版図に加えた信長は、劔神社を氏神として遇しているのもその証左の一つとなる。

しかし、信長が将軍足利義昭《あしかがよしあき》を追放したころから信長の出自を平氏とするような史料が出てくる。「源平交代思想」の影響と見る説もあるが、否定的な見解もある。良質な史料では、山城国の松尾《まつのお》社宛《しゃあて》天正五年（一五七七）十一月二十七日付朱印状《しゅいんじょう》で信長は「右大臣兼右近《うこん》衛大将《えのだいしょう》平朝臣《あそん》」（『松尾神社文書』）と名乗っているが、出自に関しては史料的な制約もあり、現時点では不明と言わざるを得ない。

「首巻」には、信長の一門衆以外の織田氏として、主家筋の伊勢守・大和守、同僚の藤左衛《とうざえ》門尉《もんのじょう》・因幡守《いなばのかみ》のほか、伊賀守《いがのかみ》、主水正《もんどのかみ》、播磨守《はりまのかみ》、造酒丞《さけのじょう》（造酒正）、勝左衛門《しょうざえもん》、三位《さんみ》、太郎左衛門尉《ろうざえもんのじょう》らが登場するが、その系譜ははっきりしない。

伊勢守、大和守は前述のように両守護代だが、信長の時代に没落した。藤左衛門尉家や因幡守家は、信長の家系である弾正忠家と並ぶ三奉行の織田家。藤左衛門尉家は弾正忠家に最も近い織田一族で、後継といわれる太郎左衛門尉信張《のぶはる》は、織田一族で唯一、信長に重用された。

信長以前には、守護代織田氏をはじめ、尾張には数多くの織田氏が史料に登場するが、信長の時代になると、織田氏を名乗る家系はほとんどいなくなる。同族といわれている津田《つだ》氏、柘植《つげ》氏、中川《なかがわ》氏、藤懸《ふじかけ》氏、島《しま》氏などに改姓したようである。徳川家康《とくがわいえやす》は、乱立する同族の松平《だいら》氏から権威性を高めるために徳川氏に改姓したが、信長の場合は、信長に近い一門衆はそのまま織田氏を称し、それ以外の織田一族は改姓させた気配がある。

異本に見る冒頭の記述

「首巻」の一異本ともいうべき『信長聞書《のぶながききがき》』（津田道安所持の『信長記』の写し）の冒頭は、〈尾張国は代々の国主を武衛と申し、天下の三管領《さんかんれい》なり（尾張国の代々の国主は、武衛（斯波氏）と言い、天下の三管領の一家である）〉と始まり、応仁《おうにん》・文明《ぶんめい》の乱（一四六七～七七年）以降の斯波氏の凋落《ちょうらく》や、その後の遠江国《とおとうみのくに》の争奪戦で今川《いまがわ》氏に敗れて没落していく様子を記述している。遠江への出陣に反対していた織田大和守が没して子息の彦五郎《ひこごろう》が守護代家を継承したが、若年のため、家老の坂井《さかい》摂津守《せっつのかみ》・内膳《だいぜん》（大膳《だいぜん》）父子が諸事を取り仕切るようになったという。よく知られている「首巻」にはない記述である。

弾正忠家については〈先祖の分かれは、織田弾正忠西巌《さいがん》、二代目は月巌《げつがん》、三代目は備後守《びんごのかみ》信秀《のぶひで》なり（分家した初代は織田良信《すけのぶ》、二代目は信貞《のぶさだ》（信定）、三代目は信秀である）〉という記載もある。これを信用すると、信長の家系である「弾正忠家」は信長の曽祖父の代に別家を立てたことになる。

また、ほとんど引用されることはないが、序章で触れた『信長記古本草稿摘録』（現在は所在が確認されていない『信長公記』から合戦に関する記述を抜粋したもの）の冒頭は〈さるほどに織田信長公と申し奉るは、尾張国より取り出だし、文武二道勝れたる大将なり（さて、織田信長公という方は尾張国から出て武名を揚げ、文武両道に優れた大将である）〉という記述で始まる。牛一らしくない文ではあるが、信長の一代記としての体裁としてはこちらの方が整っているように思われる。ただ、抜粋であるため、詳細は不明である。

父・信秀

尾張国随一の武将

尾張国内には守護代の織田家（織田伊勢守家、同大和守家）の二家をはじめ織田氏が盤踞《ばんきょ》していたが、信長の出自である勝幡《しょうばた》系織田家（便宜上、代々名乗った弾正忠の官職に因《ちな》み弾正忠家と表記する）は、信長の曽祖父の代に別家を立てたようである。「首巻」によると、曽祖父は〈西巌〉（良信）、祖父は〈月巌〉（信貞）、父は備後守（桃巌《とうがん》、信秀《のぶひで》）である。〈代々武辺の家（代々武略に秀でた家柄）〉だったが、とくに信長の父信秀については〈取り分け器用《きよう》の仁《じん》（非常に優れた人物）〉と高く評価されている。

弾正忠家は、尾張下四郡の守護代である清洲織田家（大和守家）の三奉行のうちの一家に過ぎなかったが、如才ない信秀は、諸家中で能力のある者と親しく交わり、あたかも臣下のようにしていった。信秀自身は直接下克上《げこくじょう》することなく、守護や守護代の了承を得た上で諸家中の家臣を動員して他国への侵攻を繰り返した。信長が生まれたころには守護や守護代に匹敵する実力者にのし上がり、尾張国内で旗頭《はたがしら》的な地位に上り詰めていた。

天文《てんぶん》九年（一五四〇）から翌十年にかけて伊勢神宮外宮《げくう》に豊受《とようけ》大神宮仮殿造替《かりどのぞうたい》の資を寄進し、同十二年には、窮迫する朝廷に四千貫文（一千貫文とも）という巨額の寄付をしたことで、中央でも名を知られる有力武将に成長していた。この間、天文十一年八月には、駿河《するが》の今川氏と三河《みかわ》の小豆坂《あずきざか》で合戦し、信秀の兄弟衆の活躍などで勝利を収めた（『首巻』）。

その後も〈一か月は美濃国《みののくに》へ御働き、また翌月は三河の国へ御出勢（ある月は美濃国へ出陣し、その翌月には三河の国へ出勢する）〉という具合に出兵を繰り返していたが、結局は、駿河の今川氏、美濃の斎藤《さいとう》氏との両面作戦が頓挫《とんざ》し、凋落の道を歩むことになる。

斎藤道三に大敗

美濃の斎藤道三《どうさん》に大敗したのがケチのつき始めとなった。従来、この戦いは天文十六年（一五四七）とされていたが、良質な史料から天文十三年九月の戦いであることが判明している。斎藤対織田という単純な戦いではなく、信秀が美濃国内の争乱に干渉した戦いでもあった。

道三は美濃守護土岐《とき》頼芸《よりのり》を追放したが、頼芸は越前朝倉《えちぜんあさくら》氏、南近江の六角《ろっかく》氏、それに尾張の織田氏を頼って美濃への復帰を図る作戦を展開した（異説あり）。連合軍での作戦だったが、この戦いで主力を構成したのは織田軍だったようである。信秀率いる織田軍は道三の居城の稲葉山《いなばやま》城下に攻め入って放火し、撤退に移ったところを道三軍に追撃され、稀《まれ》に見る大敗を喫した。尾張では、過去にも美濃国内の争乱に介入して苦杯を嘗《な》めた経験があったにもかかわらず、信秀も同じ轍《てつ》を踏んだ。

「首巻」には、〈九月三日、尾張国中の人数《にんじゅ》を御頼みなされ、美濃国へ御乱入（九月三日、尾張国内から軍勢を動員し、美濃国へ侵攻した）〉とある。信秀は、尾張国内から徴兵し、信秀が実質的な大将となって稲葉山城下を攻めた。

道三の領国内を放火しながら侵攻し、九月二十二日には、〈稲葉山山下村々押し詰め焼き払い、町口まで取り寄せ（稲葉山城近辺の村々を焼き払いつつ、城下まで進撃し）〉たが、夕刻になったため撤退したところ、道三軍に逆襲された。清洲三奉行の一人織田因幡守、信秀の弟といわれる信康《のぶやす》、信長の三番家老青山秀勝《あおやまひでかつ》、尾張の名族毛利《もうり》十郎（敦元《あつもと》）・藤九郎《とうくろう》兄弟ら〈歴々五千ばかり（主だった武将五千人ほど）〉が討死した。

〈歴々五千ばかり〉が討死したと記したが、たしかに陽明本などを含め戦死者の数を五千と記した伝本が多い。しかし、あまりにも多過ぎよう。比較的信憑性の高い史料『定光寺《じょうこうじ》年代記』（瀬戸《せと》市定光寺所蔵の史料）にも尾張衆二千人が討死したと記されているが、それでもやはり多い。

しかも主だった武将と限定している。有力武将が五千人も討死したというのはあり得ないだろう（ただし、そうした噂《うわさ》があった可能性はある）。他の伝本を調べたところ、『織田記』などには、〈五十ばかり〉とある。「千」と「十」は字形が似ているので書写の際に誤ったものと思われる。有力武将五十人ほどが討死したということだろう。それでも大損害であったことに変わりはない。道三の家臣が記した書状（写し）には、信秀軍数百人を討ち取ったと記し、木曽川《きそがわ》で二、三千人が溺《おぼ》れたとも吹聴《ふいちょう》している。

四面楚歌

大勝した道三は〈尾張の者は、足も腰も立つまじく候（尾張の軍勢は再起不能に陥っているだろう）〉と予測し、この隙《すき》に織田方の大垣城《おおがきじょう》を攻撃した。しかし、このまま引き下がるような信秀ではなかった。再度、尾張国中に支援を要請して援軍を組織し、大垣城の救援に向かった。木曽川、飛騨川《ひだがわ》の大河を渡河し、美濃国へ乱入した。竹《たけ》が鼻《はな》を放火し、さらに茜部口《あかなべぐち》へも侵攻して放火し、道三の退路を断つ作戦に出た。案に相違した道三は〈仰天〉し、大垣城の攻略を諦《あきら》めて居城の稲葉山城へ帰陣した。

牛一は〈かようにほどなく備後守殿、軽々と御発足、お手柄申すばかりなき次第なり（信秀殿は敗戦したにもかかわらず、道三の攻撃に対してもすぐに援軍に駆け付けて味方の危急を救うなど、その武勲はたとえようもないほどだった）〉とその武勇を高く評価している。敗戦を物ともせず、軽々と出陣する様子は、まさに信長を彷彿《ほうふつ》とさせる。信長はこの時、十一歳であり、父信秀の働きを見ていただろう。後年信長も危機的な状況を何度も経験しているが、宣教師のルイス・フロイスは、「戦運が己れに背いても心気《しんき》広濶《こうかつ》、忍耐強かった」（『フロイス日本史』）と分析しており、父信秀の不屈の精神を継承していたのだろう。

しかし、信秀の求心力にも陰りが見え始めてきた。これまで信秀の力量に抑え込まれていた守護代織田家は、この時の出陣の留守を衝《つ》いて信秀に「反旗」を翻し、信秀の居城である古渡《ふるわたり》城を攻撃し、敵対関係に入った。また、犬山《いぬやま》織田家や楽田《がくでん》の織田家も好機到来とばかり信秀に敵対した。

対外的には、東の今川氏、北の斎藤氏、尾張国内では、主家筋の清洲織田家、親戚《しんせき》筋の犬山織田家とも敵対関係となり、まさに四面楚歌《しめんそか》の状況に陥った。

この状況を打開すべく、斎藤氏とは、道三の息女を信長の正室に貰《もら》い受けることで和平を取り結んだ。

〈平手中務《なかつかさ》才覚にて、織田三郎信長を斎藤山城道三聟《むこ》に取り結び、道三が息女尾州へ呼び取り候き、然《しか》る間《あいだ》何方《いずかた》も静謐《せいひつ》なり（信長の傅役である平手政秀《まさひで》の働きによって、信長を斎藤道

三の婿にする縁組が調えられ、道三の息女を尾張に迎え入れた。これによって、尾張と美濃に平和が訪れた〉

年月日は記されていないが、美濃国の地誌である『美濃国諸旧記』には、天文十八年（一五四九）二月二十四日に嫁入りしたと記載されている。信長は十六歳、道三息女は一歳年下の十五歳。この女性は、美濃から来た姫という意味で「濃姫《のうひめ》」と呼びならわしているが、同書には「帰蝶《きちょう》」と記されている。また、「鷺山殿《さぎやまどの》」ともいわれるが、良質な史料から本名は確認できない。信長の正室でありながら、その後の濃姫の動向は不明な部分が多い。永禄十二年（一五六九）に公家の日記（『言継卿記《ときつぐきょうき》』）、天正二年（一五七四）に茶人の記録（『宗及《そうぎゅう》他会記』）に登場するくらいである。慶長十七年（一六一二）に七十八歳で没したという説もあるが、他の女性との混同ではないかという否定的な見解もある。

美濃との間で平穏が訪れたが、東方からの脅威である今川氏に対しても、将軍や朝廷の力を借りて和睦《わぼく》を進めた。また、清洲織田家とも平手政秀の尽力によって一年越しでようやく和睦に漕《こ》ぎつけた。

信秀の病死

〈備後守殿、疫癘《エキレイ》御悩みなされ、さまざま御祈禱《ごきとう》、御療治候といえども御平癒なく、終《つい》に三月三日御年四十二と申すに御遷化《ごせんげ》（信秀殿は流行病に罹《かか》り、いろいろな祈禱や治療をしたが、回復することなく、ついに三月三日、四十二歳で死去した）〉

信秀は、若いころに家督を継ぎ、尾張の守護や守護代の了承を得て国内の有力武将に動員をかけるほどの力量を示し、尾張の旗頭的な地位に就いていたが、東の今川氏、北の斎藤氏との両面作戦が頓挫したため、今川や斎藤との和睦を進め、勢威の回復に努めている時期での無念の病死だった。

「首巻」には年次が記されていないが、『信長公記』を増補した、小瀬甫庵《おぜほあん》の『甫庵信長記』には、信秀の病死が天文十八年（一五四九）である旨を記してあることから無批判で系図類にも採用され、信秀は天文十八年三月三日、四十二歳で病死したとされてきた。古い人名辞典類にはその説が採用されていたが、近年の研究では、天文二十一年説が支持されるようになっている。病死したのは天文二十一年と思われるが、病床に臥《ふ》していたか、もしくは再起不能状態だった可能性もある。晩年の信秀の動向が摑《つか》みにくいことと関係するのかもしれない。

天文十八年没を否定する根拠の一つは、翌天文十九年十一月一日付の信秀の発給文書があることである。また、『武将花押《かおう》・朱印貼交帖《しゅいんはりまぜちょう》』の中に、天文二十年四月二十四日付の備後守信秀の花押部分など（『思文閣古書資料目録』二二九号）が切り取られてあり、天文十九年、二十年説は成り立たない。写真版で確認しただけだが、とくに創作する必要もなさそうなので信用してもいいだろう。花押の形状も信秀のものとして知られているものである。このほかの傍証史料としては、『定光寺年代記』にも同二十一年と記載されていることが挙げられる。ただ、同史料は月日については三月九日としている。これは初七日の〈銭施行《ぜにせぎょう》〉のことを記しているのかもしれない。

また、「首巻」そのものにも徴証がある。後述するが、信長は十六歳から十八歳まではとくにこれといった遊びはしなかったことなどが記されており（家督相続前）、実質的な初陣となった山口《やまぐち》九郎二郎（教吉《のりよし》）との赤塚《あかつか》の戦いの時の年齢を十九歳としている。つまり天文二十一年、十九歳の時に家督相続したという推測もできよう。

病死したのは三月三日だが、「首巻」には、葬儀とは記さず、〈銭施行〉としている。〈銭施行〉とは、参列者に銭を施す催事だが、尾張国内の僧侶《そうりょ》を集め、さらに関東へ上り下りしている会下僧《えげそう》三百人も引き留めて参加させたようである。また、『亀山志《きざんし》』（信秀の菩提寺万松寺《ばんしょうじ》の記録）には信長が四十九日を修したとあるので、四月二十一日の大施会《だいせえ》のことかもしれない。

信長が弾正忠家の後継者だったと思われるが、家督相続はすっきりしたものとはならなかった（天文十八年〔一五四九〕に家督相続していたという説もある）。信秀が晩年居城とした本城ともいうべき末盛《すえもり》城は、実弟の信勝《のぶかつ》（信行《のぶゆき》の名で知られるが、実名で確認できるのは、信勝のほか、達成《みちなり》、信成《のぶなり》）が引き継ぎ、柴田勝家《しばたかついえ》、佐久間大学《さくまだいがく》（盛重《もりしげ》）、佐久間次右衛門《じえもん》、長谷川宗兵衛《はせがわそうべえ》、山田弥右衛門《やまだやえもん》らの家老衆が付けられた。佐久間次右衛門は、佐久間右衛門尉と名乗った佐久間信盛《のぶもり》と同一人かもしれないが、はっきりしない。それでも、猛将柴田勝家、大族の佐久間一族らが付けられており、信長の家老（林秀貞《はやしひでさだ》、平手政秀、青山秀勝、内藤勝介《ないとうしょうすけ》）と比べても遜色《そんしょく》はない。分割相続されたような印象である。自分たちの価値観では理解できない信長に対する不安もあったであろう。

信秀の病死によって、尾張国内は戦乱状態に戻る。尾張国内の勢力地図を確認しておくと、岩倉城を拠点とする上四郡守護代の織田伊勢守家、清洲城の織田大和家、犬山城の織田信清《のぶきよ》、それに信長の家系である織田弾正忠家といったところだろう。弾正忠家も那古野《なごや》城の信長と、末盛城を引き継いだ織田信勝の兄弟に分割統治されていた気配があり、信長の尾張統一への道は遠い。

斎藤道三

道三の人となり

〈斎藤山城道三《どうさん》は元来山城国西岡《にしのおか》の松波《まつなみ》という者なり。一年下国候て、美濃国長井藤左衛《ながいとうざえ》門《もん》を頼み、扶持《ふち》を受け、与力をも付けられ候。折節、情けなく主の頸《くび》を切り、長井新九郎《しんくろう》と名乗る（斎藤道三は、もともとは山城国西岡の松波という者だったが、ある年のこと美濃国へ下向し、守護代の宿老である長井藤左衛門に取り入り、扶持を受け家臣も付けられるようになったが、機会を見つけて世話になった主人の藤左衛門を討ち取り、主人と同じ名字に成り上がり、長井新九郎と名乗った）〉

「首巻」にはこのように道三の出自を記している。よく知られている道三の美濃の「国盗り」物語である。しかし、近年の研究では、美濃の国盗りは、道三一代ではなく、道三の父長井新左衛門尉《しんざえもんのじょう》と道三の父子二代説が有力になっている。父子二代の事歴が道三一代でなされたものと伝わってきた。同時代に生きた牛一ですら、道三の一代をそのように受け取っていたことがわかる。

序章で少し触れたが、牛一は豊臣秀吉の武功を記した『太閤様軍記』ともいうべき秀吉の一代記も執筆しており、現在伝わっているのは、この部分と思われる『大かうさまくんきのうち』だが、これにも道三についての記述がある。「首巻」に見えない記述としては、道三は〈一僕《いちぼく》の者（身分の低い者）〉であり、長井氏を名乗る前には、西村《にしむら》氏を名乗っていたことも記されている。同史料は牛一自筆のものが伝わっており、しかも仮名書きをベースとしているため、当時の読みがわかる利点もある。道三が擁立した美濃守護の土岐頼芸の「頼芸」は、「よりよし」と読まれることもあるが、同書には「よりのり」とある。道三に関しては、牛一の自筆本を写した『太田牛一筆記』にも同様の記述がある。

牛一の記す道三像は、「蝮《まむし》の道三」を彷彿とさせるものである。山城国の西岡から美濃へ流れてきた道三は、長井藤左衛門に取り入って扶持を受けることに成功し、譜代の家臣を持たなかったため、与力も付けられるほど優遇された。しかし、引き立ててくれた藤左衛門を討ち取って長井新九郎と名乗った。このため、同族の長井一族が道三に反発して窮地に陥ると、今度は土岐頼芸に取り入って和平を斡旋《あっせん》してもらった。

道三の悪逆は凄《すさ》まじい。頼芸の息子次郎に自分の娘を嫁がせて次郎を毒殺。さらに寡婦《かふ》となったその娘を今度は次郎の弟八郎に無理やり再嫁させ、その八郎をも自害に追い込んだ。この娘がのちに信長の正室となった「濃姫《のうひめ》」（帰蝶《きちょう》）という説もある。

大桑《おおが》に在城していた頼芸にも毒牙《どくが》が伸び、頼芸の家老を抱き込んで頼芸を追放してしまった。こうした道三の行状を揶揄《やゆ》した落書《らくしょ》が稲葉山城への道に立てかけられた。〈主《しゅう》を切り、聟を殺すは身の終わり、昔は長田《おさだ》、今は山城（主君を討ち取り、自分の婿を殺すことは自分自身を破滅させる行為である。そんなことをするのは、昔は長田忠致《ただむね》がいたが、今は斎藤道三である）〉。「身の」は美濃、「終わり」は尾張に掛けている。道三が、主人と、主筋の土岐次郎・八郎兄弟を殺害したことを、長田忠致が尾張で主君の源義朝《みなもとのよしとも》を殺害したことに掛けて誹謗《ひぼう》している。

道三との対面

信長が道三の女婿《じょせい》となったことで美濃との平穏が続き、信秀没後もその流れは続いていたが、道三の耳には、〈聟殿は大だわけにて候（婿である信長殿は大馬鹿者である）〉という悪評が頻《しき》りに入ってくることから実際に会って人物を確かめるべく、会見を申し入れた。

道三との会見については〈四月下旬のことに候〉と記されているのみで、年次についての記載はない。信秀の病死後であるのは確かである。また、通常なら会見の段取りをセッティングすべき役割の平手政秀《まさひで》の姿が見えないことから、政秀の自害後だと思われる。政秀は、自分の長男が、信長への駿馬《しゅんめ》の進上を拒否したことで関係がぎくしゃくし、天文二十二年（一五五三）閏《うるう》正月十三日に自害していた。傅役であった政秀が自害したという情報が道三に入り、心配した道三が会見を思い立ったのだろう。会見は信秀病死後一年余りのちの天文二十二年の四月下旬と推測される。

会見場所は、尾張と美濃との中間地帯で、治外法権となっていた富田《とみた》（尾張国）の聖徳寺《しょうとくじ》。戦国大名同士の会見というのは極めて珍しい。そんな要請をする道三もやはり信長同様に変わり者だった。会見場に先着していた道三は、町はずれの小屋で信長の様子を見ようと忍び込むなど、道三も少々芝居掛かっていた。案の定、信長は人目を引くような、いつもの常識外れの服装でやってきた。道三も呆《あき》れただろう。

しかし、率いてきた家臣の行装を見て驚いた。〈御伴衆《おともしゅう》七、八百甍《いらか》を並べ、健者《スクヤカモノ》先に走らかし、三間間中柄《さんげんまなかえ》の朱鑓《しゅやり》五百本ばかり、弓・鉄炮《てっぽう》五百挺持たせられ、寄宿の寺へ御着き候（信長は家臣七、八百人を率い、屈強な者を先頭に、三間半もの長い朱色の鑓を約五百本、弓と鉄砲も合わせて五百挺を装備し、寄宿する寺へ到着した）〉。常識外れは服装だけではなかった。三間半（六メートル余）という長柄の鑓を五百本も揃え、弓と鉄砲を合わせて五百挺も装備していた。当時、まだ珍しかった鉄砲を五百挺も装備していたと読まれることもあるが、弓と鉄砲を合わせて五百挺だろう。弓と鉄砲の比率はわからないが、この表現からすれば、少なくとも鉄砲だけで百挺以上は備えていたと思われる。

寺に入った信長は屏風《びょうぶ》を引き回し、それまでの茶筅髷《ちゃせんまげ》から生まれて初めて〈折曲《おりわげ》（折り髷、束ねて折り曲げた髪を頭に乗せる髪型）〉に結い、長袴《ながばかま》を穿《は》き、小刀を差して尋常な姿に変身した。長袴や小刀は人知れず用意させていたという。信長の家臣はこの変化を見て、わざとたわけたふりをしていたことに気づき、肝を消すほど驚いた。この記述を見ると、たわけの評判の実態というのは、単に服装や行儀が悪かったに過ぎないことが理解できる。武将としての力量に対する悪評ではなかった。

道三は、信長のこの変身を知らないため、対面時に驚くことになる。服装は尋常になったが、行動そのものは、いつもの信長のまま、というか人を食った振る舞いをする。御堂《みどう》へ入ってはきたが、諸侍が居並ぶなか、〈知らぬ顔〉を決め込んだ。痺《しび》れを切らした道三が出てきたが、道三もまた〈知らぬ顔〉で座り込んだ。やっぱり芝居じみている。気まずい空気を察して、家臣の堀田道空《ほったどうくう》が信長に対し、〈これぞ山城殿にて御座候（こちらが斎藤山城守道三殿です）〉と紹介。ここで信長は有名な台詞《せりふ》を吐く。〈であるか（そうであるか）〉と。何とも人を食った返事である。

その後、敷居から内へ入り、座敷で道三に対面し、湯漬けを食し、盃《さかずき》を交わした。道三は〈附子《ふし》を噛《か》みたる風情にて、またやがて参会すべしと申し（酸っぱい渋みのある五倍子《ごばいし》〔ヌルデの葉茎にできる虫こぶ〕を噛んだ時のような様子で、また会おう、と言って）〉帰国の途に就いた。〈お見送り候、その時、美濃衆の鑓は短く、こなたの鑓は長く控え立ち候て参り候を、道三見申し候て、興を醒《さ》ましたる有様にて、有無を申さず罷《まか》り帰り候（見送りをした時、道三の家臣の槍《やり》は短く、信長の家臣の槍は長く立てられているのを見た道三は、不機嫌な様子で何も言わずに帰国した）〉。帰途、道三側近の猪子兵介《いのこひょうすけ》（高就《たかなり》）は道三の気を引こうと〈何と見申し候ても上総介《かずさのすけ》はたわけにて候（どのように見ても、信長は馬鹿者でしたな）〉と水を向けたが、道三は〈されば無念なることに候。山城が子供、たわけが門外に馬を繋《つな》ぐべきこと、案の内にて候（それゆえに無念である。私の子供は将来、あの馬鹿者の信長の家臣になるだろう）〉と予言し、これ以降、道三の前で信長を〈たわけ〉と言うことはなくなったという。

ちなみに、ここに登場する堀田道空を斎藤道三の家臣と誤読されることが多いが、道空は信長の家臣である。道三の家臣だった猪子高就は、のち信長に仕え、側近として活躍し、本能寺の変で信長に殉じた。牛一のこの箇所の記述は、直接、猪子高就から聞いたのだろう。

村木砦攻め

信長と今川義元《よしもと》の敵対関係が続くなか、今川勢は、信長方の水野金吾《みずのきんご》の居城である尾張国緒川《おがわ》城の攻略に向けて村木《むらき》に砦《とりで》の構築を開始した。この様子を見た近隣の寺本《てらもと》城は早々に信長に見切りをつけ、今川方に人質を出して帰順し、信長と緒川城との通路を遮断した。緒川城に危機が迫り、救援に向かわなければ、水野氏も今川へ帰服する恐れがあった。

しかし、那古野城を留守にして援軍に駆け付ければ、清洲織田家からの攻撃が予想されることから、岳父の斎藤道三に援軍を要請した。道三は安東守就《あんどうもりなり》を大将に千人規模の援軍を差し向けてくれた。〈那古野留守居（那古野城の留守部隊）〉と記述されていることから、道三の援軍を文字通り那古野城の留守番として入城させたように解説されることもあるが、さすがに、留守の城を斎藤軍に任せれば、乗っ取られる恐れもあり、そうした無謀なことはしていない。安東守就も心得たもので、那古野城近辺の志賀《しが》・田幡《たばた》両郷に在陣し、清洲方からの攻撃に備えた布陣をしている。信長は守就に挨拶《あいさつ》し、翌日の出馬を告げた。

正月二十一日（天理本は二十二日、以下一日ずれる）に出馬し、その日は熱田《あつた》で泊まり、翌二十二日は乗船して渡海。当日は〈もってのほか大風（ものすごい強風）〉となり、船頭らは出船に尻込《しりご》みしたが、信長は有無を言わせず、出船させた。緒川城へ赴いて水野信元《のぶもと》（徳川家康の母方の伯父）と会見し、状況を把握。二十四日払暁に出陣し、村木砦の攻略に掛かった。今川方としても敵地にあるため防御を固めており、信長は最も攻めにくい南方面からの攻撃を受け持った。

信長の下知のもと、〈若武者ども我劣らじと登り、突き落とされてはまた上がり、手負い、死人その数を知らず（若武者らは先を争って城壁を登り、突き落とされても再び這《は》い上がっていったため、負傷者や討死した者は数えきれないほどだった）〉という激戦となった。信長は鉄砲を取り換え取り換え、若武者どもを援護射撃した。

大きな犠牲を払ったが、降伏してきたため赦免。朝の八時ごろから夕方五時ごろまで攻撃を続け、〈目も当てられぬ〉惨状となった。本陣で報告を受けた信長は、味方の戦死者の名前を聞くと、〈それもそれもと御諚《ごじょう》なされ、感涙を流させられ候なり（あいつも死んだか、こいつも討死したのか、と言って、涙を流した）〉。

帰陣後、安東守就にお礼の挨拶をし、詳しい経過を説明した。守就は美濃へ帰国後、道三に信長の村木砦攻めの様子を語ったところ、道三は〈凄まじき男、隣には嫌なる人にて候よ（信長は恐ろしい男である。隣国である尾張にはいて欲しくない武将である）〉と感想を漏らした。信長の猛烈な合戦ぶりを聞いて、こんな男は敵に回したくないと思っただろう。

実子義龍に討たれる

希代の英雄斎藤道三にも最期の時が来た。信長の力量を誰《だれ》よりも評価した道三だったが、嫡男の義龍《よしたつ》を見る目は曇っていた。道三の国盗り物語は、道三の父親と道三の父子二代にわたるものだったことが明らかにされているが、道三の評価が下がるものではない。父親が筋道をつけたのは確かだが、それをさらに発展させた功績は道三のものである。また、越前の朝倉氏、南近江の六角（佐々木《ささき》）氏、尾張の織田氏の連合軍を蹴散《けち》らした戦術も特筆すべきものだった。

しかし、牛一の評価は手厳しい。罪人の処刑方法について、軽微な罪の者でも〈牛裂き（牛に四肢を引き裂かせる刑罰）〉や「釜茹《かまゆ》で」（釜で罪人を茹でる刑罰）という惨刑に処したという。釜茹で刑では、罪人の妻や親・兄弟に釜を焚《た》かせたという残忍さである。

道三は、〈知恵の鏡も曇り（正常な判断を失い）〉家督を譲った義龍は無能と決め込み、次男孫四郎《まごしろう》、三男喜平次《きへいじ》を可愛《かわい》がった。とくに喜平次は〈一色右兵衛大輔《いっしきひょうえのたゆう》になし、居ながら官を進め（一色右兵衛大輔に任官させ）〉た。義龍は弟二人からも軽侮されたことで謀反《むほん》を計画し、病と偽って天文二十四年（弘治《こうじ》元年＝一五五五）十月十三日から奥座敷で平臥《へいが》した。

一方、道三は十一月二十二日、山上の稲葉山城では寒いため、山下の私宅へ移った。これを好機とみた義龍は、遺言と称して叔父といわれる長井隼人正《はやとのかみ》（道利《みちとし》）を使いに出して弟二人を枕元に呼び寄せて惨殺し、この旨を道三に報《しら》せた。道三は〈仰天をいたし、肝を消すこと限りなし（驚愕《きょうがく》し、茫然《ぼうぜん》自失となった）〉という驚きぶりだった。

このあと道三・義龍父子は敵対関係に入り、翌年四月二十日、長良川《ながらがわ》で激突した。義龍が国衆《くにしゅう》の人質を確保したことで、道三は国衆の支持を得られず軍勢動員の面でも劣勢となった。一番合戦で道三軍は竹腰道塵《たけのこしどうじん》を討ち取ったが、二番合戦では義龍本軍が出撃し、道三は小牧源太《こまきげんだ》に討ち取られた。一番槍は長井忠左衛門が付けたが、生け捕りを狙《ねら》っていたため、源太に先を越されてしまった。それでも忠左衛門はのちの証拠のために道三の鼻を削《そ》いだ。惨《むご》たらしい首になっていただろう。道三は最期に臨んで義龍の指揮ぶりに感心したという。

道三の遺言状といわれるものが伝わっている。「美濃国譲り状」といわれるものである。信長に美濃を譲るという内容だが、疑わしい。義龍も父道三を討ち取ることまで考えていたかどうかはわからない。戦国時代は骨肉相食《あいは》むといわれるが、実の父を討ち取った例は非常に珍しいだろう。このため、義龍は道三の先主土岐頼芸の落とし種という説が古くからあるが、取るに足りない説である。

前述のように村木砦攻めの時、信長は道三からの援軍を得て危機を脱しており、今回はその恩に報いる時だった。信長は、道三と義龍が対峙《たいじ》しているとの報を受けて救援に向かったが、すでに義龍は道三を討ち取っており、信長が本陣を据えた大良口《おおらぐち》まで出撃してきた。信長も足軽《あしがる》を出して応戦したが、道三の討死を聞き、なす術《すべ》もなく尾張に帰陣。義龍軍が追撃してきたが、信長自らが殿軍《しんがり》を受け持ち、無事に撤退した。

しかし、この隙を狙って岩倉織田氏が尾張での勢威を回復すべく義龍と結び、信長が出陣したあと、清洲近辺を放火して気勢を上げた。信長は、後ろ盾の道三を失って美濃斎藤氏とも敵対関係に入り、尾張国内では岩倉織田氏とも敵対し、四面楚歌ともいうべき苦境に陥った。牛一は〈攻め一仁《いちにん》に御成り候（信長一人が四方の敵から攻撃目標とされた）〉と表現している。

こうした状況下であってみれば、信長は本気で道三を救援しようとは思っていなかっただろう。道三の敗北は予想外だったのかもしれないが、援軍は義理で出した気配があり、その行軍は鈍かった。やはり清洲城（後述するように、この時には居城を那古野城から清洲城に移していた）の留守が心配だったのだろう。義龍は岩倉織田氏だけでなく、信長の異母兄信広《のぶひろ》や同母弟信勝《のぶかつ》とも誼《よしみ》を通じ、信長を苦しめることになる。

信長の兄弟

兄弟は十一人

信長の兄弟は、系図類によると十一人だが、あまり知られていない。信長に詳しい人なら、異母兄の三郎五郎信広《のぶひろ》、信長と家督を争った同母弟の勘十郎信勝《のぶかつ》、茶人として著名な有楽斎《うらくさい》長益《ながます》はご存じかもしれない。それ以外の兄弟となると、大坂《おおさか》の陣前夜に急死した同母弟といわれる三十郎信包《のぶかぬ》が知られているくらいだろう。天寿を全うできた兄弟はほとんどいない。多くが討死や横死である。数種ある『織田系図』も他の系図同様に全面的には信頼できないが、信長以降の世代についてはある程度は信用してもいいだろう。ただ、長幼については、信は置きがたい。『信長公記』を確認すると、一応兄弟全員が登場している。系図類による兄弟はおおよそ次の通り。

三郎五郎信広。異母兄。大隅守《おおすみのかみ》。天正二年(一五七四)、長嶋《ながしま》攻めで討死。

安房守秀俊《あわのかみひでとし》。信広の同母弟。系図には喜蔵、信時《のぶとき》とある。家臣に自害に追い込まれる。

三郎信長。

武蔵守《むさしのかみ》信勝。同母弟。達成《みちなり》、信成《のぶなり》とも称す。『信長公記』には勘十郎として登場。信長よりも早く弾正忠を名乗っていたといわれる。系図類では信行《のぶゆき》。信長に誘殺される。

喜六郎秀孝《ひでたか》。信季《のぶすえ》とも。家臣に誤射され横死。

彦七郎信与《のぶとも》。同母弟（『津田覚書』）。元亀《げんき》元年（一五七〇）、長嶋の一揆《いっき》に攻められ自害。

三十郎信包（信兼）。同母弟ともいわれる。上野介《こうずけのすけ》。長野《ながの》家の養子となり、長野信良《のぶよし》と称す。

九郎信治《のぶはる》。義弟と推測する説もある。元亀元年、討死。

源五郎長益。有楽斎。茶人として大成。

半左衛門秀成《ひでなり》。天正二年、長嶋攻めで討死。

中根信照《なかねのぶてる》。信広の同母弟（『勢州録《せいしゅうろく》』）。忠実《ただざね》とも。のち大橋和泉守定永《さだなが》。織田中根と表記されることもあるが、中根は通称ではなく、母方の名字である。

又十郎長利《ながとし》。本能寺の変で討死。

異母兄信広

まずは信広を見ていこう。信広の母親は中根七郎左衛門康政《やすまさ》の娘（『勢州録』）。〈織田三郎五郎殿と申すは、信長公の御腹かわりの御舎兄なり（信広殿は、信長公の異母兄である）〉。信広の生年ははっきりしないが、娘が信長の養女として丹羽長秀《にわながひで》（信長より一歳年下）に嫁しているため、信長よりも四、五歳年長と推測されている。しかし、この女性が生んだ第一子といわれる丹羽長重《ながしげ》は元亀二年（一五七一）生まれであり、信長よりも四、五歳年長である必要はない。『総見記』（『織田軍記』）には信長より一歳年長の天文二年（一五三三）生まれと推測できる記事があるので、良質な史料が確認できない現状では天文二年生まれと推測しておく。

信長の母親が正室で、信長が嫡男とされることが多いが、これについても疑問なしとしない。『織田系図』の中には弾正忠家の主筋である織田伊勢守家の女性が信秀に嫁したとしているものがあり、正室はこの女性だろう。これに対し、信長の母親は土田《どた》氏、小島《こじま》氏、生駒《いこま》氏、上田《うえだ》氏など諸説ある。信広の母親に比べて身分が格段に高かったとは思えない。信長は父信秀が名乗った三郎を称したことで嫡男と決めつけているようだが、そう単純ではないだろう。信広の通称は三郎五郎。三郎は信秀の三郎、五郎は守護代清洲織田家嫡流に使われる仮名でもあり、信長の三郎より「格上」である。また、信広の「広」は織田本宗家といわれる伊勢守家の「通字」であり、主家筋の「五郎」や「広」を襲名した信広が嫡男だった可能性もあろう。ただ、信広は信秀の三河侵攻への橋頭保《きょうとうほ》である安城《あんじょう》城の守備を任されていたが、今川方に敗北し、人質になるという失態があった。若年だったと思われる信広の責任とは思われないが、不名誉なことでもあり後継者候補から脱落したのだろう。

信広の動向は摑みにくいが、美濃の斎藤（一色）義龍《よしたつ》と結んで信長へ謀反したこともあった。信長の居城となっていた清洲城の乗っ取りを計画したが、信長の機転により謀反が露見し、信長と敵対関係に入った。その後、信長に降伏したと思われ、以降、忠実に信長に仕えた。居城は日置《ひおき》城だったと思われる（『士林泝洄《しりんそかい》』）。元亀四年（天正元年＝一五七三）将軍義《よし》昭《あき》と信長が敵対した時には、信長の名代として和睦を調えている。

信長の天下統一を支える有力な一門衆だったが、天正二年（一五七四）の長嶋攻めで討死してしまった。〈九月二十九日、御侘言《おんわびごと》申し、長嶋明《の》け退き候。余多《あまた》の舟に取り乗り候を、鉄炮を揃え撃たせられ、際限なく川へ切りすてられ候。その中に心ある者ども、裸になり、抜き刀ばかりにて、七、八百ばかり、切って懸り、切り崩し、御一門をはじめ奉り、歴々数多《あまた》討死（天正二年九月二十九日、一揆勢は信長に降伏し、舟に乗って退去しようとしたところ、信長軍が鉄砲で射撃したため、たくさんの一揆勢が川へ打ち落とされた。その中で気骨ある者たち七、八百人が裸になって、刀だけの武器で信長軍を切り崩した。このため信長の一族をはじめ主だ

った武将がたくさん討死した)〉
信長の卑怯《ひきょう》な振る舞いとして糾弾されることもあるが、信長側からすれば、前年に降伏を認めたにもかかわらず、帰陣に移ったところを逆襲された恨みがある。また、一揆側が策を弄《ろう》したという見方もある。
『信長公記』には、一門衆で討死した交名《きょうみょう》(人名を列挙した文書)を載せていないが、他の記録によると、十人余りが討死したという。兄弟では、兄信広と、弟の半左衛門(秀成)が含まれている。ほかには叔父といわれる孫十郎(信次《のぶつぐ》)や四郎次郎(信実《のぶざね》)、従兄弟の市介信成《のぶなり》(義弟)・信昌《のぶまさ》・仙《せん》の三兄弟、又六信直《のぶなお》(義弟)、佐治信方《さじのぶかた》(義弟)などが確認できる。『年代記抄節』では、「信長兄弟四人、そのほか良き侍十七人討死す」とあり、信長兄弟四人というのは義兄弟も含んでいるのだろう。『諸寺過去帳』によると、尾張国北島《きたじま》の織田久三郎(「本岩長性禅定門」)も討死している。法名の「岩」は弾正忠家の法名「巌」に通じ、信長に近い一族だったと思われる。
本願寺側の記録には「信長公もなかなか危なかりき」と記されており、一門衆は信長を守って討死したのだろう。この反省に立ち、翌年の越前一向《いっこう》一揆討伐戦では本陣を固めており、信長にとっても忘れることのできない危機だったと思われる。一族に数多くの未亡人が出てくることになり、織田家の総帥としては面目丸つぶれだったはずである。

ライバル信勝

同母弟の信勝は、「首巻」では勘十郎として登場する。信長と家督を争い、最後は清洲城で誘殺された。父信秀の病死後、信長は那古野城をそのまま継承したが、信勝は晩年の信秀が居城とした本城ともいえる末盛城を相続し、信長の家老衆にも匹敵する宿老衆が付けられた。信秀の法要の場面では、信長は奇矯な振る舞いを見せたが、信勝は〈あるべきごとくの御沙汰《ごさた》なり（礼にかなった作法だった）〉と記されており、常識的な物差しで計れる器だった。家老衆も信勝なら御しやすかっただろう。信長の行為は〈例の大うつけよ（いつもの大馬鹿者ぶりよ）〉と評判されたが、このなかで九州から来ていた慧眼《けいがん》の僧侶は〈あれこそ国は持つ人よ（あのような方こそが国持ち大名にもなる人だ）〉と予言的な評価をしたという。

信長はその生涯に何度か危機に直面している。最大の危機は、同盟先の浅井《あざい》氏に裏切られたことに端を発する「元亀の争乱」といわれるが、滅亡の危機というほどではなかった。実弟信勝との稲生《いのう》の戦いは文字通り生命の危機でもあった。大げさに言えば、九死に一生ともいうべき窮地であった反面、のちの信長の出発点ともなった重要な戦いでもあった。後年の天下人信長を成したのは、長篠ではなく、さりとて桶狭間でもなく、稲生の戦いの勝利だったといえるほどの戦いだった。

信長の一番家老である林秀貞《ひでさだ》（通勝《みちかつ》の名で知られるが、秀貞が正しい）が裏切り、実弟信勝付の柴田勝家《かついえ》と共謀し、信勝を弾正忠家の家督に据える謀反を企てた。〈林兄弟が才覚にて、御兄弟の御仲不和となるなり（林佐渡守《さどのかみ》・美作守《みまさかのかみ》兄弟の策略によって、信長・信勝兄弟が不和となった）〉

信長の直轄領である篠木三郷《しのぎさんごう》を信勝側が横領するという露骨な反意を顕《あらわ》してきた。信長は弘治二年（一五五六）八月二十二日、小田井川《おたいがわ》を越えて名塚《なづか》に砦を構築し、横領行為を警戒させた。名塚砦は猛将佐久間盛重《もりしげ》に守備させたが、翌二十三日は雨となって川嵩《かわかさ》が増してきた。信勝方は、名塚砦は未完成であり、しかも増水して救援が困難と判断し、柴田勝家が約千人、林美作守が約七百人を率いて出撃してきた。信長は援軍として二十四日、清洲城から出馬。信長の率いた軍勢は七百人にも満たなかったという。両者は稲生原で激突した。

劣勢の信長は各個撃破の作戦を取り、まず勝家の軍勢に向かって攻撃を始めたが、苦戦に陥った。山田治部左衛門《じぶざえもん》（重国《しげくに》）は勝家に討たれ、佐々孫介《さっさまごすけ》（成経《なりつね》）ら屈強の者どもも討死して、信長本陣へ敗走するありさまとなった。この退勢を見た信長は、怒声を発した。〈大《だい》音声《おんじょう》を上げ御怒りなされ候を見申し、さすがに御内《みうち》の者どもに候間、御威光に恐れ立ち止まり、終に逃げ崩れ候き（信長が大声で激怒している姿を見た敵軍は、さすがに、もともとは同じ弾正忠家の家臣だったため、その威光に恐れて立ち止まり、ついには逃げ崩れていった）〉

若武者信長の颯爽《さっそう》とした姿が描かれており、絵になる場面である。軍神を彷彿とさせる。信長の烈火のごとき怒りで勝家軍を撃退した信長は林美作守の軍勢に攻めかかった。黒田半平《くろだはんぺい》が美作守と渡り合っているところへ信長が駆け付け、信長自ら美作守を突き伏せて討ち取り、〈御無念を散ぜられ（ご無念を晴らされ）〉た。もう信勝方に戦意はない。信長は追撃に移って大勝利を収めた。その日は清洲城に凱陣《がいじん》し、翌日に首実検した。敵首は四百五十余だった。天理本には、信長は首実検で林美作守の首を蹴飛ばした（〈御足にて蹴させられ候〉）と記している。美作守への憎しみが伝わってくるが、大将の振る舞いとしては相応しくないだろう。

信勝は末盛城に籠城《ろうじょう》し、また林秀貞も那古野城（この時には秀貞が居城としていた）に籠《こも》った。信長の実母報春院《ほうしゅんいん》は信勝とともに末盛城に居住していたが、信長の重臣村井貞勝《むらいさだかつ》、島田秀満《しまだひでみつ》を呼び出し、和睦を図った。報春院は、信勝、勝家らを同道して清洲城に赴き、信長に赦免の礼を述べた。首謀者の一人である林秀貞も赦免した。かれらは、もともとは弾正忠家の家臣であり、他に戦うべき「敵」は多い。信長も前途多難であり、降伏さえすれば赦免するに吝《やぶさ》かではなかった。しかし、赦免された信勝は岩倉織田氏と結び、再度謀反を企てた。稲生原の敗戦後、信勝から疎んじられていた勝家は、信勝の謀反を信長に密告。信長は病と偽り、清洲城に見舞いに来た信勝を誘殺した。

実弟喜六郎の横死

秀孝は若くして非業の最期を遂げた。叔父の家臣に誤射されるという不運な実弟だった。守山《もりやま》城主の織田孫十郎（信次）が若い家臣を引き連れて川狩《かわがり》（川で魚を取ること）に出かけている時に事件が起こった。六月二十六日とだけ記されており、年次の記載はないが、比較的信憑性の高い『定光寺年代記』（ただし、日付は七月六日）の記述から弘治元年（天文二十四年＝一五五五）と推測される。

〈勘十郎殿御舎弟喜六郎殿、馬一騎にてお通り候のところを、「馬鹿者乗り打ちを仕《つかまつ》り候」と申し候て、洲賀《すが》才蔵と申す者、弓を追っ取り、矢を射掛け候えば、時刻到来してその矢に当たり、馬上より落ちさせ給《たま》う（信勝殿の弟秀孝殿がお伴も連れずに単騎で通り過ぎたところ、「馬鹿者が下馬もせず騎乗のまま通り過ぎおったな」と言って、洲賀才蔵という者が弓を取って矢を射ったところ、命中し、秀孝は落馬した）〉。城主が川狩しているところを、川の上の道を馬上のまま乗り過ごしていく無礼を働いたため、家臣の洲賀才蔵が気を利かせて無礼者に一閃《いっせん》、見事に命中した。川から上がって無礼者を確認したところ、〈上総介殿御舎弟喜六郎殿なり。御歳の齢十五、六にして、御膚《ハダエ》は白粉《おしろい》のごとく、丹花《たんか》の唇、柔和の姿、容顔美麗、人に優れて、いつくしきとも、なかなか譬《たと》えにも及び難き御方様なり（信長殿の弟秀孝殿だった。年齢は十五、六歳で、肌は白粉のように白く、唇は美人のような赤い花の色で、物柔らかな姿であり、顔立ちは人よりも勝り、その美しさは、なかなか譬えようもないほどのお方だった）〉。信長一族は美男美女といわれているが、秀孝はその中でも飛び切りの美少年だったのだろう。

驚いたのは、叔父といわれる信次。慌てぶりが半端ではない。牛一の表現も言文一致調である。〈「充《アツ》」と肝を消し、孫十郎殿は取るものも取り敢《あ》えず居城守山の城へは御出でなく、すぐに捨て鞭《むち》を打って、いずくともなく逃げ去り給い、数か年御牢人《ごろうにん》、難儀せられ候なり（信次殿は「あっ」と驚き、慌てふためいて居城の守山城にも戻らず、その場から馬に乗って逃亡し、数年間牢人生活を送り、苦労された）〉

驚きぶりが手に取るようである。不慮の事故であり、申し開きできる可能性もあったと思うが、信長の苛烈《かれつ》な性格を恐れて逐電してしまった。最初に信勝の弟と書き、次に信長の弟とも書いているので、おそらくは三人とも同母の兄弟だったのだろう。

二人の兄の対応は対照的である。末盛城の信勝は地理的に近かったこともあり、信長に相談もせずに、いきなり守山城下に駆け付け、町に火を懸けて守山城を孤立させた。信長も急報を得て三里の道を〈一騎駆けに一時に駆けさせられ、守山入口矢田川《やだがわ》にて御馬の口を洗わせられ候ところ、犬飼内蔵助《いぬかいくらのすけ》参り候て言上《ごんじょう》（単騎で一気に駆け付け、守山城の入り口にあたる矢田川で馬に水を飲ませているところに、犬飼内蔵助が来て、顛末を説明した）〉。

信次はすでに逐電し、城は空き城となり、城下は信勝が焼き払った。これを聞いた信長は〈我々の弟などという者が、人をも召し連れ候わで一僕の者のごとく馬一騎にて駆け回り候こと、沙汰の限り比興《ひきょう》なる仕立てなり。たとえ存生《ぞんじょう》に候とも、向後《きょうこう》御許容なされまじき（われわれの弟という身分の者が、伴衆も連れずに、下僕のように馬一騎で駆け回るというのは論外であり、礼に外れる行為でもある。たとえ生きていても許さない）〉と断を下し、清洲へ帰った。実弟の一騎駆けを非難する信長自身が一騎駆けしているのだから、信長の面目躍如たるものがある。

この事件に関しては、信長と信勝の対応の違いが見て取れる。信長は、誤射された弟に非があると宣言し、ことを穏便に収めようという配慮があるが、信勝は信長の指示を仰ぐことなく、有無を言わせず守山城を敵視して攻撃している。信長に似て果敢な攻撃のようだが、やはり思慮が足りない行動といえるだろう。

『芝村《しばむら》藩主織田家記録摘要』（大和芝村藩織田家に関する史料を所収）には高野山悉地院《こうやさんしっちいん》の過去帳を引いて、喜六郎〈秀孝〉の施主として清洲の（織田）紀伊守《きいのかみ》を掲げているので、秀孝は紀伊守の養子となっていたのだろう。異説として、秀孝は尾張の明喜寺《みょうきじ》の第五世了念《りょうねん》として文禄《ぶんろく》三年（一五九四）八月二十五日、五十四歳で没したという（『尾張徇行記《じゅんこうき》』）。年齢だけは「首巻」の記事とも整合性が取れている。

なお、姉妹は十数人いたが、『信長公記』には登場しない。妹「お市《いち》」が著名だが、元亀元年（一五七〇）四月、浅井氏が反旗を翻した時、〈浅井は歴然御縁者（浅井長政は知られているように信長の縁者である）〉と記されているのが、「お市」の縁組のことであろう。

若き日の信長

元服、初陣

若き日の信長の逸話については、「首巻」に満載されており、事欠かない。ある意味、「首巻」での一番の読みどころでもある。

〈吉法師殿《きちぼうしどの》十三の御歳、林佐渡守、平手中務、青山与三右衛門《よそうえもん》、内藤勝介御伴《おとも》申し、古渡の御城にて御元服、織田三郎信長と進められ、御酒宴御祝儀斜めならず（信長殿が十三歳の時、林秀貞《ひでさだ》、平手政秀《まさひで》、青山秀勝《ひでかつ》、内藤勝介の四人の家老衆がお伴をして古渡城に赴き、そこで元服し、「織田三郎信長」と名乗ることとなった。その時の酒盛りやお祝いは大変なものであった）〉

吉法師というのは信長の幼名である。天文三年（一五三四）生まれの信長が十三歳とあるので、ここは天文十五年のことである（ただし、牛一は信長の生年を勘違いしている節があり、天文十六年の可能性もある）。四人の家老衆が付き添って、父信秀《のぶひで》の居城である古渡城に赴いて元服を済ませ、織田三郎信長と名乗ったという内容である。月日の記載はないが、傅役の平手政秀の菩提寺の記録『政秀寺古記』には、正月十八日、沢彦宗恩《たくげんそうおん》が「信長」の名前を撰したとある。

林佐渡守というのは、信長の筆頭家老の新五郎秀貞である。成立が遅いと思われる『織田記』などの異本には、佐渡守ではなく、備前守《びぜんのかみ》と記されている。信長の元服当時は佐渡守ではなく備前守と名乗っていた、として修正したのだろうか。ただ、青山与三右衛門（秀勝）は二年前の天文十三年に討死しているので、天文十五年の元服には同行できない。同名の後継者の可能性もなくはないが、やはり牛一の記憶違いだろう。

元服の翌年には初陣を果たした。〈平手中務丞、その時の仕立て、紅《くれない》筋《すじ》の頭巾《ずきん》、羽織、馬《うま》鎧《よろい》の出で立ちにて、駿河より人数入れ置き候三州のうち吉良《きら》大浜《おおはま》へ御手遣い、所々放火候て、その日は野陣を掛けさせられ、次の日那古野に至って御帰陣（信長の初陣は、傅役の平手政秀が準備した。紅筋の頭巾、羽織、馬鎧の出で立ちで、今川方となっている三河の吉良大浜へ侵攻して周辺を放火し、その日は野陣し、翌日那古野城に帰陣した）〉。初陣に関する記述はこれだけの短文である。「首巻」では初陣した月日はわからないが、他の史料から九月、もしくは十月以降という説がある。

日常生活

若いころの信長は風変わりな服装をしていたといわれているが、その元となる史料が「首巻」の記事である。十六歳から十八歳までの日常を記している。〈十六・七・八までは別のお遊びは御座なく、馬を朝夕お稽古《けいこ》（十六歳から十八歳までは、とくにこれといった遊びはせず、朝夕、馬術を稽古していた）〉

三月から九月までは川で泳ぎ、〈水練の御達者（水泳の熟達者）〉だったという。軍事的には、竹槍の模擬合戦を見て、長柄《ながえ》の槍が有利と判断し、実際に三間柄、三間間中柄《さんげんまなかえ》の槍を造らせた。

この一方、普段の行儀にも触れる。〈明衣《ゆかたびら》の袖《そで》を外し、半袴、ひうち袋、いろいろ余多《あまた》付けさせられ、御髪《おぐし》は茶筅に、紅糸《くれないいと》、萌黄糸《もえぎいと》にて巻立て結わせられ、大刀朱鞘《しゅざや》を差させられ、悉《ことごと》く朱武者《あかむしゃ》に仰せつけらる（湯帷子《ゆかたびら》の袖を外して丈の短い袴を穿き、腰には巾着などをたくさん付け、髪型は茶筅髷にし、紅色や萌黄色の糸で巻いて結い、朱色の鞘の長い刀を差し、すべて朱色の武具を付けさせた）〉

この格好ではとても領主の跡継ぎらしくなかっただろう。若者らしいファッションセンスかもしれないが、その評判は悪かった。燧袋《ひうちぶくろ》などを身に付けているのは信長の合理性の表れと評価する向きもあるが、これは買いかぶりだろう。しかし、これに続く記述を読めば、単なる「バカ殿」でなかったことがわかる。〈市川大介《いちかわだいすけ》召し寄せられ御弓お稽古、橋本一巴《はしもといっぱ》師匠として鉄炮お稽古、平田三位《ひらたさんみ》不断召し寄せられ兵法お稽古、御鷹野《おたかの》等なり（市川大介を呼び寄せて弓術を習い、橋本一巴を師匠として鉄砲を鍛錬し、いつも平田三位を召し寄せて剣術を稽古し、また、鷹狩などで鍛えていた）〉。弓に加え、最新兵器の鉄砲も鍛錬し、武術の稽古にも励んでいた。また、鷹狩で軍事演習を兼ねたほか、民情視察や領内の地理を知悉《ちしつ》する効用も図っていたと思われる。

しかし、牛一の筆は〈ここに見にくきことあり（さて、見苦しい振る舞いがあった）〉と批判も忘れない。〈町をお通りの時、人目をも御憚《おんはばか》りなく、栗《くり》・柿《かき》は申すに及ばず、瓜《うり》をかぶり食いになされ、町中にて立ちながら餅《もち》を参り、人に寄り掛かり、人の肩につら下がりてより外は御歩きなく候。そのころは世間公道なる折節にて候間、「大うつけ」とより外に申さず候（町を通る時は、人目も憚らず、栗や柿はもちろん、瓜も齧《かじ》りつき、町中で立ちながら餅も食べ、人に寄り掛かり、歩く時はその肩にぶら下がってしか歩かなかった。そのころは世の中が礼儀正しい時だったので、「大馬鹿者」としか言われなかった）〉

当時の道徳観では、目に余るものがあったのだろう。信長の行儀をもって悪ガキの親分とか、暴走族のリーダーのごとく解する頓珍漢な解説もあるが、的外れだろう。逆に、深読みする必要もない。もちろん、現代風に解釈する必要もない。

〈大うつけ〉とは愚者のような印象だが、この場合は、「またあんな格好をして」と噂する程度のもので、単に風儀が通常ではないという意味であり、武将としての能力のことではない。ただ、宿老衆としては、厄介な二代目としてもて余しただろう。

化物退治

信長の合理主義を語る逸話としてよく引用される。牛一は〈ここに奇異のことあり（さて、不思議なことがあった）〉と始める。読者にとっては興味をそそられる書き方である。この世のものとは思えない化物が出たという噂話を聞いた信長がその正体を突き止めようとした挿話である。

清洲から五十町（約五・五キロメートル）東の比良《ひら》城の東に蛇池《じゃいけ》と伝えられる池があり、安食《あじき》村の又左衛門がその化物を目撃した。年次の記載はないが、桶狭間の戦い以前だろう。正月中旬の雨の降る暮れ方、又左衛門が池の東の堤を歩いていたところ、一抱えもある黒い太い物体を目撃し、顔は鹿《しか》のようで眼は星のように光り輝き、舌は手を開いたようでこれまた光っていたという。〈これを見て、身の毛よだち、恐ろしさのまま、あとへ逃げ去り候き（これを見て、髪の毛が逆立つほど驚き、あまりの恐ろしさにその場を逃げ去った）〉。この噂を聞いた信長は、正月下旬に目撃者の又左衛門を呼び出し、直接問い質した。信長の尋問を受けているので、満更の嘘ではなかったのだろう。

翌日には〈蛇がえ（蛇池の水を掻《か》い出す）〉を命じた。蛇池といわれていただけに、蛇についての伝説があったのだろう。周辺の百姓を動員し、四時間ほどを費やして池の水を掻い出したが、どこから水が入り込んでくるのか、いくらやっても七分までしか減らない。痺れを切らした信長は、脇差《わきざし》を口にくわえて、自ら水の中へ潜って化物を探した。領主自らの行動ではないだろう。信長は自分では発見できなかったため、念のために泳ぎに優れた鵜左衛門《うざえもん》という者にも探すよう命じたが、結局、発見できなかった。話はこれだけだが、不思議な出来事ではあった。

もう一つ信長の性向を語る逸話が記されている。詳細は省くが、当時、裁判の方法として〈火起請《ひぎしょう》（鉄火《てっか》起請）〉という方法があった。神前などで灼熱《しゃくねつ》した鉄片を掌《てのひら》に受け、棚の上まで運ばせるという神判《しんぱん》である。例によって年次の記載はない。

この時は、被告の左介という者が鉄片（〈横鍒《ヨキ》〉）を取り損じた。本来なら有罪だが、左介は信長の乳兄弟池田恒興《いけだつねおき》の被官《ひかん》であり、恒興の勢威を笠《かさ》に着て左介を庇《かば》うという不正が行われようとしていた。そこへ鷹狩から帰る信長が偶然通りかかり、物々しい状況について問い質した。不正を見抜いた信長は〈御気色変り（顔色が変わり）〉元のように横鍒を焼くように命じた。信長は、自分が火起請を取って成功させれば「左介を成敗する」と宣言し、その心得をするように言い放った。

〈焼きたる横鍬を御手の上に受けられ、三足御運び候て棚に置かれ、「これを見申したるか」と上意候て、左介を誅戮《チウリク》させられ、凄まじき様躰《ようだい》なり（焼いた手斧を掌に乗せて三歩運んで棚に置き、「これを見たか」と仰せられ、左介を成敗した。凄まじい様子だった）〉。これまた領主が自らやることではないだろう。不正を正して処罰すれば済むことであるが、自らが実践した上で成敗するのだから、文句のつけようがない。この不正に恒興自身が直接関わっていたか不明である。陽明本では〈池田勝三郎衆（池田恒興の家臣）〉とあり、恒興の家臣と思われるが、伝本によっては〈池田勝三郎（池田恒興）〉とあり、恒興が関知していたようにも読める。池田家への配慮の痕跡がある池田本には、この逸話が記載されている「首巻」そのものが含まれていない。献上するとしてもこの部分は削除しただろう。池田家の記録を見ると、恒興は若いころに一度、追放処分になっており、この事件が影響していたのかもしれない。

初めての上洛

永禄二年（一五五九）二月、信長は上洛して室町幕府第十三代将軍足利義輝《よしてる》に挨拶した。義輝は畿内《きない》（京に近い山城・大和・河内《かわち》・和泉・摂津の五か国）を牛耳っていた三好長慶《みよしながよし》と敵対関係にあったが、前年末に和議が成立し、五年ぶりに帰洛していた。近江での逼塞《ひっそく》が長かったが、久しぶりに京都に戻っていた。上洛の目的は、岩倉織田氏を滅ぼし、尾張をほぼ平定したことで、義輝の還京祝いを兼ねて尾張の正当な支配者としての認定を得るためだった、といわれている。京都のほか、奈良や堺《さかい》も見物したという。

「首巻」には御伴衆は八十人とあるが、京都で信長一行の噂を聞いた山科言継《やましなときつぐ》は「五百人計云々《ばかりうんぬん》」とその日記に記している。しかも「異形者多云々」と風変わりな様子を伝えている。主な家臣が八十人、総勢五百人ということだろうか。

この時、暗殺の危機に見舞われている。斎藤道三《どうさん》を長良川の戦いで討ち取った斎藤義龍《よしたつ》が刺客を差し向けた。小池吉内《こいけきちない》、平美作《へいのみまさか》、近松田面《ちかまつたのも》、宮川八右衛門《みやがわはちえもん》、野木次左衛門《のぎじざえもん》、青木加《あおきか》賀《が》右《え》衛門尉《もんのじょう》の六人の刺客を送った。陽明本には青木以外の五人しか記されていないが、他の箇所には〈六人〉と記されており、青木加賀右衛門尉（重直）が削除されている。以前、この経緯について触れたことがある（『『信長記』の大研究』所収の拙稿「牛一本『信長記』の全容」）が、簡単に説明すると、青木家は、のちに牛一の子孫が仕えた主家であり、牛一子孫が主家の不名誉として削除したと思われる。人名は削除したが、後ろの箇所に出てくる〈六人〉にまで注意が及ばなかったのだろう。

この刺客の存在を知らせてきたのが清洲の那古屋弥五郎家臣の丹羽兵蔵だった。兵蔵も信長一行と時を同じくして上洛したが、不審な一行を見かけた。兵蔵は目端の利く男で、不審な一行の正体を突き止め、しかも京都での宿屋も確認して信長にそのことを伝えた。上洛に同行していた美濃出身の金森長近《かなもりながちか》は、刺客を見知っていたことから、かれらの宿泊している宿屋へ乗り込んだ。さすがに信長の側近だけのことはある。

〈夕べ、貴方《きほう》ども上洛のこと、上総介殿も存知候の間、さて参り候。信長へ御礼申され候えと金森申し候(中略)色を変え、仰天限りなし(昨夜、その方どもが上洛したことは信長殿もご存じであるので、こうしてここへ来た。「信長へご挨拶されよ」と金森長近が恫喝《どうかつ》した〔中略〕かれらは顔色を変え、非常に驚いた)〉。隠密のはずが、敵側に動きを察知されていたのだから、驚くのも無理はない。その場はそれで収まったが、翌日、京見物をしていた信長一行にばったり出くわしたから堪《たま》らない。信長が啖呵《たんか》を切った。〈汝《ナンヂ》らは上総介が討手に上りたるとな。若輩の奴輩《やつばら》が進退にて、信長を狙うこと、蟷螂《とうろう》が斧と哉覧《やらん》。実《まこと》しからず。さりながらここにて仕るべく候哉、と仰せ懸けられ候えば、六人の衆難儀の仕合《しあわ》せなり(その方らはこの信長を討つために上洛したようだが、若輩の分際で信長を狙うのは、「蟷螂が斧を以《もっ》て隆車《りゅうしゃ》に向かう」ようなものであり、まさか本気ではないだろう。しかし、「ここで討ってみるか」と挑みかかられ、六人の討手は困り切った様子となった)〉

刺客は大将分が六人、手下も入れると三十人の総勢だったが、不意に襲うなら可能だが、白昼、しかも京の町中で暗殺することは望ましいことではない。ましてや信長一行の方が遥《はる》かに優勢である。刺客側がたじろぐのは当然だった。信長の真骨頂はこのあとの行動である。刺客は主命を帯びており、京で恥もさらしており、必死になって信長を狙ってくるのは必定。信長は近江の守山《もりやま》まで下向したあと、翌日は雨降る中を早朝に出発し、清洲までの二十七里を一気に帰国した。刺客を警戒しての強行軍だろう。『厳助往年記《げんじょおうねんき》』（醍醐寺理性院《だいごじりしょういん》厳助の日記）には「雑説あり。俄《にわ》かに罷り下る」と記されており、刺客のことが噂になっていたのかもしれない。兵蔵の機転がなければどうなっていたかわからない。天理本には兵蔵の働きに対し知行を与えた旨が記されている。

桶狭間の戦い

信頼できる史料は『信長公記』

信長がその名を全国に轟《とどろ》かせたのは桶狭間の戦いでの大勝利だが、一朝一夕で成った勝利ではなかった。文字通り、尾張国内で血みどろの戦いを勝ち抜き、尾張国内をほぼ平定していたのが大きかった。主な尾張国内の戦いを挙げると、実質的な初陣となった赤塚の戦い、主家筋の清洲織田氏との萱津《かやづ》の戦い、今川方の尾張での橋頭保となった村木砦攻め、守護斯波氏を弑逆《しいぎゃく》した守護代織田氏の居城である清洲城の攻略、実弟信勝《のぶかつ》と弾正忠家の覇権をかけて戦った稲生原の戦い、織田氏の本宗家ともいうべき岩倉織田氏との浮野《うきの》の戦いなどで勝利を得ていた。すべて「首巻」に記されている。偉大な父信秀《のぶひで》の不肖の子であった信長が、いまや父信秀を上回る力量を示し、直接的な下克上を避けつつ、受け身の姿勢を貫き、「謀反」を起こした主家を討つ名目で、ほぼ尾張統一を成し遂げていた。

桶狭間の戦いの戦闘場面に関して最も信頼できる史料は『信長公記』(「首巻」)である。これ以外の史料はほとんど取るに足りないものだろう。信憑性の低い史料を数多く利用してもあまり有効ではない。その「首巻」ですら、どこまで信用できるのか心許《こころもと》ない。記主の牛一が参加していたのかどうかも不明である。「首巻」には、桶狭間の戦い以前の箇所で太田又助(又介)が登場しており、われわれは疑いもなくこの又助が牛一と思い込んでいる。

牛一は尾張の成願寺(常観寺)で僧として育ったが、のちに還俗《げんぞく》したという経緯がある。還俗するには何か理由があったはずである。血気盛んで還俗したという理由もあるだろうが、後継者となっていた兄弟(桶狭間の戦い以前に登場する太田又助)が討死したという可能性もあろう。

牛一には二人の息子が確認できるが、次男と思われる又七郎牛次《うしつぐ》は永禄七年(一五六四)生まれであり、牛一が三十八歳の時の子供になる。長男は二、三歳年長としても第一子とすれば少し遅いだろう。還俗したのがかなり遅かったのではなかろうか。牛一は信長の若いころのことを知らない(『政秀寺古記』)と批評されているのもその証左かもしれない。推測を重ねたが、桶狭間の戦いには参戦していないかもしれず、「首巻」の記述は伝聞である可能性があることを含んでおく必要がある。

国境で迎撃

桶狭間の戦いについては、かなり人口に膾炙《かいしゃ》しているので改めて説明するまでもないかもしれない。今川方となっていた鳴海城《なるみ》、大高城《おおだか》に対し、信長が数砦を構築して包囲したため、義元はその後詰《ごづめ》として出陣した。後詰に成功したのち、信長の居城の清洲城まで攻め込む予定だったのかどうかは議論の分かれるところだろう。永禄三年（一五六〇）時点で信長は尾張一国をほぼ平定していたが、のちに敵対することになる犬山城の織田信清《のぶきよ》（姉婿）の動向が不明であり、今川軍が清洲城を攻囲した時、信清が後詰する可能性もあり、そう簡単に清洲城攻略ができたかどうかもわからない。

〈御国の内へ義元引き受けられ候の間、大事と御胸中に籠り候と聞え申し候なり（今川義元の尾張国内への本格的な侵攻が間近に迫ってきていたため、信長は「これは一大事になる」と胸中深く危機感を抱いていると取り沙汰された）〉

合戦前日の軍議については、伝本間で異なることが記してある。陽明本では〈軍《いくさ》の手立ては努々《ゆめゆめ》これなく（作戦会議は全くしなかった）〉と軍議はしなかったような書きぶりだが、天理本では、〈軍の手立て、御談合、是非においては国境にて御一戦を遂げらるべく候（作戦会議では、必ず国境で今川軍に突撃して勝負をかける）〉とある。

今川の先陣は、五月十九日の夜明け、大高城を攻囲している織田方の鷲津山砦《わしづやま》・丸根山砦《まるねやま》に攻撃を仕掛けてきた。この注進を受けた信長は、「幸若舞《こうわかまい》」の「敦盛《あつもり》」の一節を舞って主従六騎で出陣した。有名な〈人間五十年、下天《げてん》の内を比ぶれば夢幻《ゆめまぼろし》のごとくなり。一度生《ひとたび》を得て滅せぬ者のあるべきか（人間界の五十年は、六欲天《ろくよくてん》の一つである化楽天《けらくてん》〔地上から数えて第五番目の天〕と比べれば夢幻のように短い。生を享《う》けて滅びないものはない）〉である。このくだりの「人間五十年」を「人生五十年」の意味で捉《とら》える向きもあるが、似て非なるものである。人間界の五十年という時間は、下天と比べると夢幻のように儚《はかな》く短いという意味合いである。

また、信長は小歌〈死のうは一定《いちじょう》、しのび草には何をしよぞの、一定語りおこすよの（人間には必ず死が訪れる。生きた証《あかし》として生前に何かを成し遂げれば、後世に語られるだろう）〉を好んで謡《うた》ったが、義元を討ち取ってからは謡わなくなったという。国境で文字通り乾坤一擲《けんこんいってき》の勝負を挑もうとしており、決死の覚悟だったことがわかる。これを裏付けるように、天理本には討死を覚悟していた旨の記述もある。

横道に逸《そ》れたが、信長は熱田で一旦《いったん》、軍勢を整え、鳴海城の付城《つけじろ》（攻撃の拠点として敵城の近くに築いた城）の一つである善照寺《ぜんしょうじ》砦に入った。中嶋《なかじま》砦（鳴海城と大高城の中間に位置する）にいた佐々隼人正（成吉《なりよし》）らは、信長が善照寺砦に入ったのを見て、義元本陣に切り込んだが、あえなく撃退された。この様子を見た義元は〈義元が矛先には天魔鬼神も忍《タマル》べからず（義元の武略には天魔鬼神でも敵《かな》うまい）〉と上機嫌で謡いを謡わせて陣を据えた。これが義元の油断となった。

戦意を鼓舞

信長は善照寺砦から中嶋砦に移り、大演説をぶって士気を高めた。敵軍は前日からの戦闘で疲れているが、自軍は新手《あらて》である。〈是非においては練り倒し、追い崩すべきこと、案の内なり。分捕りをなすべからず、打ち捨てたるべし。軍に勝ちぬれば、この場へ乗ったる者は家の面目、末代の高名たるべし。ただ励むべし（必ず敵軍を打ち破って追撃することができる。敵の首は奪い取るな。打ち捨てにしろ。この合戦に勝てば、参戦したことが家の名誉になり、末代までの誇りになる。がむしゃらに打ち掛かれ）〉と鼓舞した。

義元本陣が布陣する山際まで進軍したところ、突然、強風を伴った村雨《むらさめ》が今川軍に向かって降り出した。空が晴れるのを見澄ました信長は〈鑓を押っ取りて大音声を上げて、すわかかれ〳〵（槍を押っ取って大声で、「さあ、掛かれ、掛かれ」）〉と下知。義元本陣は信長軍の急襲に驚き、義元の塗輿《ぬりごし》を捨てて逃げ去るありさまとなった。それでも義元の旗本は三百騎ほどで義元を守備しつつ撤退したが、信長の旗本衆の追撃が激しく徐々に人数が減り五十騎ほどになった。信長も下馬して若武者どもと先を争い、追撃。義元の旗本衆もよく守備したが、最後は服部《はっとり》小平太《こへいた》（一忠《かずただ》）が槍を付け、毛利新介《しんすけ》（良勝《よしかつ》）が義元の首を討ち取った。〈義元の頸を御覧じ、御満足斜めならず（義元の首を見て、非常に満足した）〉という会心の勝利となった。ちなみに、天理本では義元に鑓を付けたのは服部小藤太《ことうた》（弘宗《ひろむね》）としている。

首は打ち捨てにするよう厳命してあったが、それでは功名を挙げても論功行賞に与《あずか》れない。なかなか強《したた》かなものである。〈そのほか諸士、深田へ追い入れ、手々に首取り、御前へ参る（服部一忠や毛利良勝以外の多くの武士は、今川勢を深田へ追い込み、それぞれが首を取って信長のもとへ参上した）〉

信長は大勝に油断することなく、深追いせず、清洲に帰陣した。〈もと御出で候道を御帰陣候なり（もと来た道を通って帰陣した）〉とわざわざ記している。迂回《うかい》していたことを想像させる。前述のように桶狭間の戦いに関する史料では『信長公記』が最も良質だが、錯誤や省略もあるだろう。迂回奇襲説を載せる『甫庵信長記』は、史料的には評判が悪いが、他の軍記物や江戸期の地誌類に比べると成立時期も早く採るべき箇所もあると思われる。『厳助往年記』には「駿河今川、尾州へ入国。織田弾正忠（信長）武略を廻《めぐ》らし討ち取る」とあり、奇襲作戦を想像させる。また、『寺辺之記《じへんのき》』（東大寺蓮乗院《れんじょういん》の僧侶寅清《いんせい》の記録）にも、「駿河今川殿、三川へ入国、織田弾正忠（信長）殿、本陣へ切り入り、御腹召さるるなり」と本陣への突入を記している。遠く離れた場所での伝聞だが、噂として奇襲作戦があったことが知られていたのだろう。

戦国時代でも敵軍の大将を討ち取ることは珍しく、しかも「奇襲」で大敵を破ったことで信長の満足は一方ならぬものだった。「義元塚」を築き、弔いのために千部経を読ませ、大《おお》卒塔婆《そとば》も立てた。しかも、十人の僧侶を仕立てて義元の首を駿河に送り遣わした。満足ぶりが伝わってくる。

桶狭間の戦いは永禄三年（一五六〇）のことだが、「首巻」には〈天文廿一年壬子《みずのえね》〉と記しており、明らかに誤っている。後世の追記といわれるが、牛一自身の誤りである可能性もある（金子拓編『『信長記』と信長・秀吉の時代』所収の拙稿「牛一の推敲について」）。「首巻」の一異本ともいうべき『信長聞書』は永禄三年と正しい記述になっている。

なお、桶狭間の戦いの時、南近江の六角氏や甲斐《かい》の武田氏などからの援軍があったと記す史料もあるが、史料的価値も低く信用できない。

信長の居城

居城を移転

信長はその生涯に何度か居城を移している。他の戦国大名、例えば武田信玄《しんげん》は躑躅ヶ崎《つつじがさき》館《やかた》、上杉謙信《うえすぎけんしん》は春日山《かすがやま》城というように、基本的には生涯本城を移していない。信長は征服地域の拡大に連動して居城を移転し、領国経営を進めている。これは父信秀《のぶひで》譲りでもある。

信秀の居城は、判明しているものを順次列挙すると、弾正忠家発祥の地ともいうべき勝幡城を皮切りに、那古野城、古渡城、末盛城と拠点を移し、固定概念にとらわれることなく、目的に合わせて居城を移転させた。

信長もこれを引き継いだ。生まれたのは、那古野城という説もあったが、現在では勝幡城が有力である。少なくとも那古野城は信長が生まれたころには今川方の城であり、那古野城で生まれたというのは考えにくい。勝幡城で生まれた信長は、信秀が古渡城に移ったのち、那古野城を譲り受けた。信長は弾正忠家の家督を継承したあとも、信秀の本城ともいうべき末盛城は実弟の信勝《のぶかつ》が相続したため、那古野城を拠点とし続けた。

〈ある時、備後守、国中那古野へ越させられ、丈夫に御要害仰せ付けられ（中略）那古野の城、吉法師殿へ御譲り候て、熱田の並び古渡という所に、新城拵《こしら》え、備後守、御居城なり（ある時、信秀は尾張国の中心部の那古野へ進出し、堅牢《けんろう》な城郭の構築を命じ〔中略〕那古野城は信長に譲って、信秀はその代わりに熱田の近くの古渡というところに新しく城郭を造って居城とした）〉。那古野城は信秀とも友好関係にあった今川竹王丸《たけおうまる》（氏豊《うじとよ》）の居城だったが、天文七年（一五三八）ごろ、信秀が謀計をもって攻略した。この那古野城を修築して信秀自身の居城としていたが、信秀は新たに古渡城を築城して移り、那古野城は信長に与えた。

尾張の中心清洲城へ

清洲城は、弾正忠家の主筋である守護代の清洲織田氏が居城とし、守護斯波氏を奉戴していたが、信長が奪い取った。清洲織田氏は信秀没後、信長へ敵対行動を開始したものの、信長の軍事力に押されて不発に終わった。信長との敵対関係が続くなか、守護代の織田彦五郎（信友《のぶとも》）は小守護代の坂井大膳に唆《そそのか》され、守護斯波義統《よしむね》を弑逆するという暴挙に出た。義統の嫡男義銀《よしかね》は命からがら逃げ延び、信長を頼った。守護を弑逆した謀反人を討つという大義名分のもと、末盛城の信勝の軍勢との協力態勢で清洲方を打ち破った。

ジリ貧状態に陥った清洲方の坂井大膳は起死回生の一手を打った。信長与党である叔父孫三郎（信光《のぶみつ》）を抱き込む作戦に出た。〈坂井甚介、河尻《かわじり》左馬丞、織田三位、歴々討死候て、大膳一人しては抱えがたきの間、この上は織田孫三郎殿を頼み入る〉（清洲方の有力者だった坂井甚介、河尻左馬丞、織田三位らが討死し、坂井大膳は自分一人では信長に対抗できないと思い、この上は信長の叔父である織田信光を頼るしかない）〉と判断し、信光に誘いをかけた。信光は村木砦攻めでも信長与党として共同戦線を張っていたが、野心家と見られていたものか、信長を裏切って清洲方に寝返ると思われたらしい。

大膳は、信光に対し、織田信友と二人で〈両守護代〉に就任してもらうという好餌《こうじ》をもって誘った。信光は起請文も調え、天文二十三年（一五五四）四月十九日、居城である守山城から清洲城の南櫓《みなみやぐら》に移った。信光は、表向きは大膳に同調するふりをしていたが、秘密裏に信長と手を結び、清洲城の乗っ取りを企図し、清洲攻めが成功した暁には、尾張下半国を信長と二分しようという密約をしていた。翌日、大膳は信光へお礼の挨拶に赴こうとしたが、ただならぬ様子を察知し、すぐさま駿河の今川義元《よしもと》を頼って逃走した。大膳は、信光に裏をかかれたことを敏感に察知するなど、なかなか機敏な武将でもあった。義元のもとでの処遇は不明だが、義元討死後は信長に敵対する美濃斎藤氏を頼ったようである。

清洲城に取り残されたかたちの守護代織田信友は、大膳の傀儡《かいらい》だったようだが、信光に追い詰められ自害した。〈清洲の城乗っ取り、上総介信長へ渡し進ぜられ、孫三郎殿は那古野の城へ御移り（信光は清洲城を奪取し、密約通り信長へ清洲城を進上し、信光は那古野城へ移った）〉。信長は那古野城から尾張の中心である清洲城へ移った。

小牧山城

小牧山《こまきやま》城への移転の経緯については、信長の意外な面というか、巧妙な人心掌握術を記している。信長であればこそ成功した〈巧み〉だろう。牛一は〈上総介信長、奇特なる御巧みこれあり（信長には優れたご計略があった）〉と始める。

〈ある時〉との記述のみでいつのことかこれまた不明だが、小牧山築城の直前と思われるので、永禄五年（一五六二）末ごろだろう。信長は家老衆を引き連れて犬山の山中である二宮《にのみや》山《やま》へ登り、ここに築城すると宣言し、みなの者に引っ越しを命じた。〈ここの嶺《みね》、かしこの谷合いを誰々拵え候え（ここの嶺には某、あそこの谷合には某がそれぞれ屋敷を造れ）〉と具体的な場所と名前を挙げて屋敷地を下賜《かし》した。その日はそのまま帰城し、後日改めて二宮山に登り、再度、清洲からの引っ越しを厳命した。

当時の清洲は尾張国の中心であり、富の集積地でもあった。城脇には五条川《ごじょうがわ》が流れ、水運にも恵まれた利便な地だった。その清洲から犬山の山中への引っ越しを命じられたのだから〈難儀の仕合せなりと上下迷惑大方《おおかた》ならず（みなの者は、面倒なことになった、と非常に困惑した）〉と不評だった。

こうした不満噴出のなか、信長は二宮山への移転を止《や》めて小牧山に築城すると言い出した。小牧山へは麓《ふもと》まで川続きであり、引っ越しするのもずいぶんと楽になる。〈どっと悦《よろこ》んで罷り越し候なり（みなの者は悦んで引っ越した）〉

信長の作戦勝ちである。最初から小牧山へ移転するといえば、清洲に比べて不便でもあり反対されただろうが、最初に、非常に不便な山中の二宮山への引っ越しを本気で命令したことで、小牧山が天国に見えるという算段だった。

小牧山城の築城は、『定光寺年代記』によると、永禄六年（一五六三）二月に鍬初《くわぞ》めしたという。小牧山城は「火車輪城」と記されている。火車は「かしゃ」と読んでしまいそうだが、『小牧山志料』などを見ると、「飛車」と充てているので「ひしゃ」（「ひぐるま」の可能性もある）と読むのだろう。小牧山城の築城は美濃攻めのための橋頭保の確保と見られていたが、近年では直接の目的は犬山城の攻略と推測されている。これを裏付けるように、「首巻」にも、小牧山から二十町離れた犬山城の属城である小口《おぐち》城から遠望すると、築城の様子が手に取るように見えたため、このままでは籠城できないと判断し、〈進上候て、御敵城、犬山へ一所に楯籠《たてこもり》候（小口城は開城し、籠城兵は犬山城へ入って一緒に籠城した）〉と記述されている。牛一にもその狙いはわかっていた。

小牧山城は臨時に築城した砦的なものと評価されていたが、最近の研究では、恒久的な城下町を建設していたことが判明しており、その発掘調査も続いている。巨石を使用した石垣など、安土城のルーツになる城との評価もされている。

岐阜城

稲葉山城（井口《いのくち》城、岐阜《ぎふ》城）の攻略年代をめぐっては、かつては熱い論戦が繰り広げられていた。最近は沈静化しているようだが、永禄七年（一五六四）説にこだわる研究もある。稲葉山城の攻略年については、江戸時代を通じて永禄七年と認識されていた。『甫庵信長記』の影響と思われる。美濃の地誌類もたいていは永禄七年説を採っている。現在では永禄十年に確定しているといってもいいだろう。詳細は省くが、『信長公記』の記事や宣教師の記録で永禄十年は動かしがたい。ただ、月日については、「首巻」は八月十五日としているが、九月説もある。

永禄四年（一五六一）の本格的な美濃侵攻から足掛け七年を費やしたことになる。八月一日、斎藤方の美濃三人衆（氏家卜全《うじいえぼくぜん》、安東守就《もりなり》、稲葉良通《いなばよしみち》）の内応を機に、稲葉山城攻めに乗り出した。まずは、三人衆の人質を受け取るための使者を派遣していたが、その人質が到着する前に〈俄かに御人数出され、井口山の続き瑞龍寺山《ずいりょうじやま》へ駆け登られ候（不意に出馬し、稲葉山の地続きの瑞龍寺山へ駆け登った）〉。いつもながらの電光石火の行動である。牛一は〈信長は何事もかように物軽《ものがる》に御沙汰なされ候なり（信長は、なにごとにもこのように軽々とご命令なされた）〉と表現している。

〈これは如何《いか》に、敵か味方かと申すところに、早《は》や町に火を懸け、即時に生《はだ》か城《じろ》になされ候（斎藤方は、「これはどうしたことか。あれは敵か味方か」と逡巡《しゅんじゅん》している間に、信長軍はすでに町に火を懸け、稲葉山城を無防備な城にしてしまった）〉。斎藤方は信長のあまりにも早い攻撃を受け、敵か味方か見分けがつかないほど混乱した。三年前には、安東守就と女婿の竹中重治《たけなかしげはる》（通称は半兵衛《はんべえ》）が謀反して稲葉山城を乗っ取ったことがあったが、その記憶が蘇《よみがえ》ったのかもしれない。〈敵か味方か〉判別できなかったことについては、単に混乱しただけではなく、面白い説を載せている史料がある（『引證《いんしょう》』）。信長の旗印である永楽銭《えいらくせん》の旗を遠望した斎藤方は、味方である竹腰氏の「蛇目《じゃのめ》の旗」と見間違えたという説である。真偽のほどは不明だが、『フロイス日本史』にも「敵方の家来の印しがついた旗を作らせておいた」という記述もあり、こうしたこともあり得たのだろう。

信長軍が稲葉山城に対して包囲網を構築している間に、美濃三人衆もようやく参陣し、

〈肝を消し御礼申し上げられ候（非常に驚き、お礼を申し上げられた）〉。斎藤（一色）龍興《たつおき》は、八月十五日に降伏して開城し、長嶋へ落ちていった。信長は美濃を平定し、小牧山城から稲葉山城へ移り、井口を岐阜に改称した。岐阜の名称はこれ以前から一部の間で雅称のように使われていたので、正式に改称したということだろう。岐阜の命名は、周の文王の故事に因《ちな》み、政秀寺（平手政秀の菩提寺）の開山でもあった沢彦宗恩の進言という説や、崇福寺《そうふくじ》住職の栢堂景森《はくどうけいしん》の助言という説などもある。

岐阜城の様子については、宣教師ルイス・フロイスの記録に詳しい。「かつて私がポルトガルからインド、日本へと至るまでに見た宮殿や家屋の中で、爽快、精緻《せいち》、豪華、清潔の点でこれに並ぶものは一つもなかった」と驚きをもって記し、山上の宮殿や山麓《さんろく》の居館についても詳しく触れている。

永禄十年（一五六七）、信長は尾張に加えて美濃を併呑《へいどん》し、北伊勢攻めも同時進行させるなど、畿内近国では押しも押されもせぬ大大名に成長していた。信長は天正四年（一五七六）の安土城の築城（後述）まで岐阜城を本城とした。安土城への移転後、岐阜城は嫡男信《のぶ》忠《ただ》に譲り、後年には嫡孫の秀信《ひでのぶ》（三法師《さんぼうし》）が城主となったが、関ヶ原の戦いの前哨戦《ぜんしょうせん》で敗れて開城した。

美濃三人衆

美濃三人衆とは

『信長公記』にも〈美濃三人衆〉の表記で登場する。西美濃三人衆ともいわれる。氏家卜全《ぼくぜん》(直元《なおもと》)、安東(安藤)守就《もりなり》、稲葉一鉄《いってつ》(良通《よしみち》)の三人である。三人衆がまとまって軍事行動することが多い。もちろん、別々に行動する時もあった。初期の段階では柴田勝家《かついえ》の与力的な位置づけでもあった。

三人衆の中では稲葉良通(一鉄)が著名だが、最も分限が大きかったのは氏家氏のようである。氏家氏の本姓は桑原《くわばら》氏。美濃斎藤氏の家臣だったが、道三《どうさん》の嫡男義龍《よしたつ》が一色氏を名乗った時、義龍は家臣にも一色氏の家臣の名字を名乗らせた。桑原氏は氏家氏に、安東氏は伊《い》賀《が》氏に改名。稲葉氏も新治氏を名乗った形跡がある。信長に転仕してからは、氏家氏はそのまま氏家氏を名乗ったようだが、安東氏は揺れ動いたようである。『信長公記』には、安東

（安藤）氏、伊賀氏で登場する。稲葉氏は稲葉氏のみの記述である。のちに大名となったこともあり、『信長公記』では稲葉氏の登場回数が多い。

『信長公記』で最初に登場するのは安東守就。天文二十三年（一五五四）正月、村木砦攻めの時、斎藤道三から援軍の大将として派遣されている。美濃三人衆として登場するのは、永禄十年（一五六七）の稲葉山城攻略の時である（前述）。

次に三人衆が登場するのは翌永禄十一年九月の上洛戦。将軍候補の足利義昭《よしあき》を奉じた上洛戦では、南近江の六角氏が信長に抵抗した。信長は敵の虚を衝き、六角氏の本城である観音《かんのん》寺《じ》城を差し置いて、並びの箕作山《みつくりやま》城を血祭に挙げて相手の戦意を挫《くじ》く作戦を展開。戦国の習いとしては、前年信長に帰参した美濃三人衆が先手として投入されるはずだが、信長は慣例を無視した。

〈さるほどに、去年美濃国大国を召し置かれ候間、定めて今度は美濃衆を手先へ夫兵《ふひょう》に差し遣わさるべし、と美濃衆存知候所に、一円お構いなく、御馬廻《おうままわり》にて箕作攻めさせられ、美濃三人衆、稲葉伊予《いよ》・氏家卜全・安藤伊賀、案の外なる御手立てかな、と奇特の思いを成す由なり（さて、昨年美濃国を平定したので、今回は必ず美濃衆が先陣に派遣されるだろう、と美濃衆が思っていたところ、全くそうした作戦を取る気配もなく、馬廻衆に箕作城を攻撃させた。美濃三人衆の稲葉一鉄・氏家卜全・安東守就は「予想外のご作戦である」と不思議な思いをしたということである)〉。三人衆としては信長から信用されていないのではないかという不安がよぎり、次の軍事行動では粉骨を尽くさなければならないと決意を固めたことだろう。これも信長の狙いの一つだったのかもしれない。元亀元年(一五七〇)の姉川《あねがわ》の戦いでも三人衆として軍団を形成し、勝利に貢献した。

元亀三年十二月の三方ヶ原《みかたがはら》の戦いでは、信長からの援軍として、佐久間信盛《のぶもり》、平手甚左衛門(汎秀《ひろひで》)、水野信元《のぶもと》のほか、美濃三人衆も派遣されたという。三方ヶ原の戦場には織田方の援軍は三千人程度が出陣しただけだったが、浜松《はままつ》城など各城に適宜配置されていたという説もあり、後方部隊として参陣していた可能性もある。残念ながら『信長公記』には記されていない。

その後、三人衆揃っての動きでは、元亀四年(天正元年=一五七三)七月、将軍義昭が「反旗」を翻して槙島《まきのしま》城に籠城した時、川上軍(川上から渡河した軍勢)として参陣した。その年の朝倉義景《よしかげ》追撃戦、翌天正二年の長嶋一揆殲滅《せんめつ》戦、同三年の越前一向一揆討伐戦、同四年の大坂本願寺攻め、同五年の北陸遠征軍、同六年の別所《べっしょ》攻め、荒木《あらき》攻めなどで同陣している。政治的地位についても、義昭と信長の和睦交渉の時には、筆頭家老の林秀貞《ひでさだ》、両大将の佐久間信盛・柴田勝家《かついえ》、信長お気に入りの滝川一益《たきがわかずます》と並んで美濃三人衆も幕府に対して起請文を認《したた》めている。政治的にも高い地位にいたことがわかる。

しかし、三人衆のうち、安東守就父子は天正八年（一五八〇）、突如として追放された。〈先年、信長公御迷惑の折節、野心を含み申すの故なり（先年、信長公が危機的な状況に陥った時、謀反を目論《もくろ》んだのが理由である）〉。具体的なことが記されていないので不明だが、『甫庵信長記』『当代記』によると、武田信玄《しんげん》に内応した嫌疑という。真偽のほどは不明である。〈遠国へ追い失わせらる（遠国へ追放された）〉とあるが、美濃の在所で逼塞していたようである。本能寺の変後の混乱に乗じて旧領の回復を図ったが、稲葉氏に攻められ、父子ともに討死した。

氏家卜全討死

氏家卜全は元亀二年（一五七一）五月、長嶋攻めからの帰陣の際、討死してしまった。この時が初めての本格的な長嶋攻めだった。長嶋といえば、伊勢長嶋といわれるように、伊勢国に所属していたような印象だが、尾張国内とみられていた時期もあり、伊勢国と尾張国の間を揺れ動き、両属していたようでもある。ただ、言葉や風俗は尾張国のようだったという。尾張国は一向一揆とは無縁なような印象があるが、信長が生まれたころは、真宗寺院の勢力も強く、尾張守護代なども本願寺に気を遣っており、迂闊《うかつ》には手が出せない状況だった。桶狭間の戦いの時には、一揆軍が今川軍に同調し、熱田が襲撃の危機にさらされたこともあった。信長にとって長嶋の一向一揆は目障りな存在だったと思うが、今回の侵攻の直接のきっかけは、前年に大坂本願寺が信長に敵対し、各地で一向一揆が蜂起《ほうき》し、尾張国でも小木江《こきえ》城を守備していた実弟の織田信与《のぶとも》が一向一揆に攻められて自害に追い込まれた復仇《ふっきゅう》戦として出馬した。

佐久間信盛、柴田勝家という織田家の両大将を配して進軍。各地を放火したあと、五月十六日に帰陣に移ったが、一揆勢はゲリラ戦を展開し、信長軍を苦しめた。〈柴田修理《しゅり》、見合わせ殿《シツハライ》候のところ、一揆どもどっと差し懸け、散々にあい戦い、柴田薄手を被《カウムリ》、罷り退《の》く。二番、氏家卜全取り合い、一戦に及び、卜全そのほか家臣数輩《すはい》討死候なり（柴田勝家が様子を見て最後尾で退却しようとしたところ、一揆勢が攻撃を仕掛けてきて激しく戦い、勝家は軽傷を負って退いた。次に氏家卜全が戦いを交えたが、卜全をはじめ家臣数人が討死した）〉

一揆勢が帰路に先回りして弓・鉄砲で待ち受けていたため、勝家が殿軍《しんがり》になって戦ったが、軽傷を負って退き、代わって氏家卜全が殿軍として退陣したが、卜全やその配下の家臣が多数討死するという惨敗となった。

卜全討死後は嫡男の左京亮直通《さきょうのすけなおみち》が氏家氏を引き継ぎ、卜全と同じように美濃三人衆として活躍した。直通には二人の弟がいたが、『信長公記』には次弟（長弟とも）の源六（行継《ゆきつぐ》）が一か所登場するのみである。直通と行動を共にしており、省略されているのだろう。直通は、天正七年（一五七九）四月、反逆した荒木村重《むらしげ》の居城である有岡《ありおか》城の付城に在番している姿を最後に登場しなくなる。天正十年の武田攻めでは、直通に代わって行継が従軍している。直通には後継者がいなかったようであり、信長の子供の小洞信高《こぼらのぶたか》が氏家氏の養子になっていた可能性もある（渡邊大門編『織田権力の構造と展開』所収の拙稿「太田牛一著『信長公記』に登場する『ごぼう殿』について」）。

稲葉一鉄

稲葉氏は、前述のように三人衆の中では登場頻度が最も高く、また、優遇されていたような気配もある。一鉄の孫も登場するほどである。信長とは姻戚関係であり、一門衆でもあった。一鉄の嫡男貞通《さだみち》の正室は斎藤道三の娘であり、信長とは相婿《あいむこ》（姉妹の夫同士という関係）だった。この女性は信長の稲葉山城攻略と時を同じくして没したが、後妻には信長の妹が嫁し、相婿から義弟になっている。

稲葉氏は、安東氏、氏家氏とともに三人衆として行動することもあったが、単独で軍事行動することもあった。元亀元年（一五七〇）、信長は朝倉攻めが浅井氏の裏切りで失敗したあと、京都と岐阜を結ぶルートを確保する必要に迫られたが、近江国内を安全に通行するため、守山に稲葉一鉄父子を配置した。

〈江州路次通りの御警固として、稲葉伊予父子三人、斎藤内蔵介《くらのすけ》、江州守山の町に置かせられ候ところ、すでに一揆蜂起せしめ、綣村《へそむら》に煙を挙げ、守山の町南の口より焼き入り候を、稲葉諸口を支え、追い崩し数多切り捨て、手前の働き比類なし（近江国内の通行を警固するために、稲葉一鉄・重通《しげみち》・貞通の父子三人と、その家臣の斎藤利三《としみつ》を守山に配置していたところ、すでに一揆が蜂起して綣村に火の手を上げ、守山の南方面から放火しながら進軍してきたが、一鉄らは町の入り口を封鎖し、一揆勢を追い散らして数多く切り捨てるなど、目覚ましい武功を挙げた）〉という活躍を見せた。天正三年（一五七五）の越前再征時には、稲葉良通父子は、明智光秀《あけちみつひで》、羽柴秀吉《はしばひでよし》、細川藤孝《ほそかわふじたか》、簗田広正《やなだひろまさ》（別喜右近《べっきうこん》）らとともに、越前からさらに進んで加賀へ乱入し、能美《のみ》・江沼《えぬま》両郡を平定する武功を挙げた。この時も三人衆の二人とは別行動だった。それまで柴田勝家の与力的な位置づけだったが、勝家が天正三年越前国主として転出すると信長に直属するようになった。

この直前の天正三年（一五七五）七月、信長は京都から岐阜へ下向したが、途中、稲葉氏の居城曽根《そね》城へ立ち寄っている。〈稲葉伊予、忝《かたじけな》きの由候て、孫どもに能をさせ御目に懸けられ、その時、差させられ候御腰物、稲葉彦六《ひころく》息に下さる（稲葉一鉄は信長が立ち寄ってくれたことに対し、忝いことであると感謝し、孫らに能を演じさせて信長のお目に懸けた。信長はその時差していた刀を貞通の息子に与えた）〉。貞通の息子というのは典通《のりみち》（斎藤道三の孫）のことだろう。天正十年の武田攻めでは、稲葉一族は、重通、彦六、刑部《ぎょうぶ》、彦一らが従軍し、一鉄は、凱旋する信長を歓待した。〈呂久《ろく》の渡りにて御座船《ござぶね》飾り、稲葉伊予、一献進上候なり(美濃国の呂久の渡りでは、稲葉一鉄が信長のために飾り立てた御座船を用意し、一献進上した)〉信長に優遇され、一門衆にも引き立てられていたが、本能寺の変の時、貞通は京にいたものの、信長・信忠《のぶただ》父子を見捨てて帰国。これが原因だったものか、貞通は羽柴秀吉からしばらくの間、冷遇されたようである。

第二章　上洛後

第十五代将軍足利義昭

義昭を奉じて上洛

永禄八年（一五六五）五月十九日、現職の第十三代将軍足利義輝《あしかがよしてる》が白昼、弑逆されるという謀反が勃発《ぼっぱつ》した。「永禄の政変」といわれる事件である。三好《みよし》軍と松永《まつなが》軍が実行部隊だったが、松永久秀《ひさひで》本人は奈良の多聞山《たもんやま》城に在城しており、実行部隊には参加していない（『清《きよ》水寺《みずでら》別当記』）。

〈数度切って出で、切り崩し、余多《あまた》に手を負わせ、公方《くぼう》様、御働き候といえども多勢に敵わず、御殿に火を懸け、終《つい》に御自害さなれ候《そうらいおわんぬ》訖（数回出撃して切り崩し、数多くの敵に手傷を負わせるなど将軍義輝は奮戦したものの敵軍の人数が多くて防戦できず、御殿を放火し、最後は自害された）〉

実弟の義昭《よしあき》は、松永久秀に幽閉されたが、和田惟政《わだこれまさ》、細川藤孝《ほそかわふじたか》らの尽力で甲賀《こうか》の惟政の館まで脱出し、各地の大小名に支援を呼びかけた。このなかで、当時、尾張を平定し美濃攻めに専念していた信長が、義昭の上洛に供奉《ぐぶ》する、と名乗りを上げた。しかし、この第一次上洛作戦は幻となり、義昭は近江守山、若狭《わかさ》を経て越前の朝倉義景《あさくらよしかげ》を頼った。その義景も上洛の意思がなく、焦る義昭は全国規模で協力を呼びかけたが、一向に上洛戦は進展しなかった。こうした流れのなか、信長が美濃を平定し、北伊勢も制圧。尾張、美濃、北伊勢を領国に加えた信長は、畿内近国では並ぶものなき大大名に成長していた。再度、義昭は信長を頼り、信長も機は熟したとばかり快諾。こうなると信長の動きは素早い。

永禄十一年（一五六八）七月二十五日、越前に滞在している義昭を迎えるために和田惟政、不破光治《ふわみつはる》、村井貞勝《むらいさだかつ》、島田秀満《しまだひでみつ》を派遣し、義昭を美濃立政寺《りゅうしょうじ》に迎えた。〈鳥目《ちょうもく》千貫積ませられ、御太刀《みたち》、御鎧、武具、御馬、いろいろ進上（穴の開いている銅銭千貫文を積み上げ、太刀、鎧、武具、馬などたくさんのものを献上）〉し、義昭を感激させた。上洛に向けて南近江の六角承禎《ろっかくじょうてい》を懐柔すべく佐和山《さわやま》城まで出かけて交渉したが、不調に終わり、力攻めで上洛することとなった。

牛一は、この上洛戦を歴史的な出来事と捉えていたようで、信長の活躍を上洛記ともいうべき『永禄十一年記』（巻一に相当）としてまとめている。

〈公方様へ御暇《おいとま》を申され、江州一篇に討ち果たし、御迎えを進上すべきの旨、仰せ上げられ、尾・濃・勢・三、四か国の軍兵《ぐんぴょう》を引率し、九月七日に打ち立ち、平尾《ひらお》村御陣取り（義昭様へ出馬の挨拶をされ、近江を一気に平定してからお迎えの使者を派遣する旨を言上し、尾張、美濃、伊勢、三河の四か国の軍勢を動員し、九月七日に出馬、この日は平尾村に陣取った）〉

尾張、美濃、北伊勢に加え、同盟先である三河の徳川家康の援軍も加え、九月七日、四万とも六万ともいわれる大軍を率いて上洛し、十月十八日、義昭を将軍に就けることに成功した。

信長の軍事力で将軍に就いた義昭としては、信長に対し何か褒賞したいところだが、軍事的にも経済的にも信長に与えるものがない。まずは、演能で信長の武功を労《ねぎら》うことにした。義昭は張り切って能番組を十三番組み立てたが、番組表を見た信長は、一旦の成功は収めたものの、敵勢力の反攻も予想されるなか、浮かれ過ぎと判断し、五番に縮小した。演能の席では、義昭は使者を再三派遣して、信長に副将軍か管領職への就任を打診したが、信長は固辞した。義昭は信長を呼び寄せて盃を取らせ、鷹、腹巻を下賜。牛一は〈御面目の次第、これに過ぐべからず（これ以上にない御名誉なことだった）〉と記すが、信長本人はそれほどの名誉と思ったのかどうか。

十月二十四日、義昭に帰国の挨拶をしたが、義昭は感状を下して武功に報いようとした。今回の上洛作戦の成功を褒め、〈武勇天下第一なり（信長の武勇は天下一である）〉と称《たた》えた。

宛所《あてどころ》は〈御父《おんちち》織田弾正忠殿〉。さらに同日付で、今回の〈大忠（大きな忠義）〉に対し、桐《きり》と引両筋《ひきりょうすじ》の紋の使用も許可した。宛所は同様に〈御父織田弾正忠殿〉。信長は義昭より三歳の年長に過ぎない。〈御父〉は大仰《おおぎょう》過ぎるが、義昭の感激の表れだろう。

将軍御所を建設

〈正月六日、濃州岐阜に至って飛脚参着候、その節以ての外大雪なり。時日を移さず御入洛《ごじゅらく》あるべきの旨あい触れ、一騎駆けに大雪中を凌《しの》ぎ打ち立ち（中略）三日路のところ二日に京都へ、信長馬上十一騎にて六条《ろくじょう》へ駆け付け、堅固の様子ご覧じご満足候なり（永禄十二年〔一五六九〕正月六日、将軍義昭が急襲されたという報せを持った飛脚が岐阜に到着した。その時はもの凄《すご》い大雪だったが、信長はすぐに上洛する旨を命じ、一騎駆けで大雪の中を出馬した〔中略〕通常三日掛かるところを二日で上洛し、信長を含め十一騎で将軍御所の六条本国《ほんこく》〔圀〕寺《じ》へ駆け付け、堅固な守りを見て満足した）〉

信長は、前年九月、足利義昭を奉じて上洛し、破竹の勢いで畿内を制圧した。それまで畿内を牛耳っていた三好勢は一旦、本国ともいうべき四国へ撤退していたが、捲土重来《けんどちょうらい》を期して反攻作戦を開始。三好勢は、将軍義昭の御所本国寺を攻囲したが、一気呵成《かせい》に落城させることはできなかった。また本国寺側の講和交渉に時間を取られ、この間に周辺から援軍が駆け付け、さらに信長軍の上洛の噂も入り、何らの成果も得ずに撤退することとなった。

信長が上洛した時にはすでに三好軍は撤退していたが、信長は義昭の無事を喜び、要害堅固な将軍御所の建造に取り掛かることになる。二条《にじょう》勘解由小路《かでのこうじ》室町真如堂《むろまちしんにょどう》にあった義輝の御所を拡張し、石垣づくりの強固な二条御所を築城する。〈二月二十七日辰《たつ》の一点、御鍬初めこれあり（二月二十七日辰の刻の初め、鍬入れの儀式があった）〉。村井貞勝と島田秀満に大工奉行を命じ、自ら工事現場に赴き、工事を督励した。〈御殿の御家風《ごかふう》、尋常に金銀を鏤《ちりば》め、庭前に泉水、遣水《やりみず》、築山《つきやま》を構え（御殿の造りは、品良く金銀をちりばめ、庭には、泉水、遣水、築山を整備し）〉た。さらに、細川氏綱《うじつな》邸にあった〈藤《ふじ》戸石《といし》〉という名石を将軍邸に据えるため、藤戸石を綾錦《あやにしき》で飾り、信長が音頭を取って、笛、太鼓、鼓で囃《はや》し立て、祭り気分で〈即時に庭上へ（直ちに庭の中へ）〉据え付けた。このほか、足利義政《よしまさ》が銀閣寺《ぎんかくじ》に据え置いていた〈九山八海《くさんはっかい》〉という都鄙《とひ》に隠れなき名石も義昭邸に運び込んだ。洛中洛外から名石、名木を取り寄せ、馬場には桜を植え、将軍邸の周囲には幕臣衆の屋敷が立ち並んだ。

義昭は信長を御前に召し〈忝《かたじけな》くも三献の上、公儀御酌にて御盃、ならびに御劔《ぎょけん》いろいろ御拝領（忝くも式三献〔祝儀の正式の作法〕で将軍義昭から盃を賜り、また剣などたくさんのものを頂いた）〉。四月二十一日、信長は帰国の途に就いたが、信長を見送った義昭は涙し、信長の姿が見えなくなるまで見送ったという。『言継卿記』には、「各々落涙共也《おのおのらくるいどもなり》」とあり、「各々」は、義昭と信長という解釈もある。それなら別れに臨んで信長も涙したということになる。

将軍義昭を追放

蜜月《みつげつ》時代は長くは続かなかった。信長と徐々に距離を置き始めていた義昭は、武田信玄《たけだしんげん》が三方ヶ原で織田・徳川連合軍に大勝したことで反信長の意思を固めたようである。義昭の「謀反」について牛一は、信長が十七か条にわたって義昭に諫言《かんげん》したことが〈金言御耳に逆《さかふ》り候（信長からの戒めの言葉に、将軍義昭は感情を害し、聞き入れなかった）〉と説明する。十七か条すべての紹介は紙数の都合で難しいが、最初と最後に、暗殺された第六代将軍義教《よしのり》（第十七条）と、兄で第十三代将軍義輝《よしてる》（第一条）のことに触れており、脅しとも取れる文言を入れている。義昭は、信長に造営してもらった二条城で反旗を翻したが、信長の大軍に恐れをなして和睦に応じた。

〈七月三日、公方様、また御敵の御色を立てられ（元亀四年〔一五七三〕七月三日、将軍義昭は、再度、信長に対して挙兵され）〉、宇治《うじ》の槇島城に籠城した。信長は再度の謀反を予想しており、事前に佐和山湖畔《さわやまこはん》で大船を建造し、自ら監督していた。まさに大船完成時に、義昭謀反の報が入り、強風の中、大軍を動員し、完成したばかりの大船で坂本口《さかもとぐち》へ渡海。七日に上洛し、義昭の留守部隊が守備する二条城を猛攻した。籠城していた公家衆は〈大軍に耳目を驚かし、御詫言《おんわびごと》申し、人質進上申され（信長軍のあまりの大軍に驚き、降伏を懇願し、人質を差し出し）〉、あっけなく降伏した。さすがに幕臣の三淵藤英《みつぶちふじひで》（細川藤孝の実兄）は籠城を続けたが、柴田勝家《しばたかついえ》の説得に応じて開城した。

信長は十六日には義昭の籠城する槙島城を大軍で攻囲。槙島城は宇治川の中洲《なかす》に築城された難攻不落とも思える堅城だった。義昭はこの堅城に籠城して反信長の旗幟《きし》を鮮明にすれば、与同勢力の三好、松永、丹波《たんば》の国人衆《こくじんしゅう》らが援軍に駆け付けると期待したが、実際には、誰も救援には来なかった。信長軍の圧倒的な軍事力を目《ま》の当たりにして沈黙していた。

信長は宇治川を渡河して攻撃するよう指示したが、家臣は〈漲《みなぎ》り下って逆巻き流るる大河（怒り狂って流れ下り、激しく逆流する大河）〉に恐れをなして逡巡した。〈御容赦あるべき御気色これなく、延引致すにおいては、信長公御先陣なさるべきの旨候。遁《のが》れ難き題目なり（許されるご様子はなく、渡河を延引するようであれば信長公自らが先陣すると仰せられ、免れることのできないことだった）〉。信長の凄まじい勢いに圧倒されて覚悟を決めた。

信長軍の猛攻の前に、さしもの槙島城も落城寸前となり、義昭は一子（義尋《ぎじん》）を人質に出して降伏した。〈御腹召させ候わんずれども（中略）御命を助け申し、流し参らせられ候（御自害させようとしたが〔中略〕助命し、追放処分になされた〕〉。信長の思惑としては、正義は信長にあり、非は義昭であることを「天下」に知らしめていることから、このまま義昭は没落していくものと踏んだのだろう。しかし、まだまだ将軍権威は利用価値があり、義昭は不死鳥のように蘇る。ただし、『信長公記』には、その後の動きは記されていない。

比叡山焼き討ち

志賀の陣

元亀元年（一五七〇）六月の姉川の戦いで浅井《あざい》・朝倉連合軍を打ち破ったが、小谷《おだに》城を攻略するまでには至らず、浅井・朝倉には十分な余力が残っていた。大坂本願寺や三好氏と連携して逆襲を開始した。姉川の戦いでは朝倉義景は代将を派遣したが、今回は当主義景自らが出陣し、浅井軍と連合して京都に乱入する勢いを見せた。浅井・朝倉連合軍は三万ともいわれる軍勢で、南近江の坂本口にまで迫った。坂本を扼《やく》する宇佐山《うさやま》城を守備していた猛将森《もり》可成《よしなり》は、九月十六日寡兵をもって出撃し、足軽合戦で勝利を得た。しかし、二十日、坂本を突破されてはならないと果敢に戦さを仕掛けたが、衆寡敵せず討死した。〈御敵猛勢にてあい敵わず、火花を散らし、終に鑓下にて討死（敵は勇猛な軍勢だったので敵わず、火花を散らして戦ったが、最後には突き伏せられて討死）〉した。

可成は、後年信長の小姓《こしょう》として引き立てられた森成利《なりとし》（乱《らん》）の父である。この時、討死した主な武将には、信長の弟織田九郎（信治《のぶはる》）、青地《あおじ》駿河守（茂綱《しげつな》）、尾藤源内《びとうげんない》（重吉《しげよし》）・又八《またはち》（重房《しげふさ》）父子がいる。また、道家清十郎《どうけせいじゅうろう》・助十郎《すけじゅうろう》兄弟も討死したが、牛一はかれら兄弟に筆を割き、その武勇を特筆する。

〈一年《ひととせ》、東美濃高野口《こうのぐち》へ武田信玄あい働き候（中略）兄弟して頸《くび》三つ取って参り、信長公へ御目に懸け候えば、御褒美斜めならず。白き旗を指物《さしもの》に仕り候、その旗を召し寄せられ、「天下一之勇士也」と御自筆に遊ばし付けられ候て下さる。都鄙の面目これに過ぐべからず（ある年、東美濃の高野口へ武田信玄が進軍してきたことがあった〔中略〕道家兄弟は敵の首を三つ討ち取って信長公の見参に入れたところ激賞された。道家兄弟は白い旗を指物にしていたが、それを取り寄せ、「天下一之勇士也」と信長は自筆で書して下賜した。この上もない名誉なことだった）〉

〈名誉の仁（誉れ高い人）〉だったが、今回も信長から拝領した天下一の旗指物を差して見事な最期を飾った。『信長公記』には〈一年（ある年）〉と年次を記載しておらず、従来は、信長と武田信玄が東美濃で戦ったということはなかったとして疑問視する向きもあったが、これを裏付ける文書（『反町《そりまち》文書』『武田信玄古案』『武家事紀』）があり、永禄八年（一五六五）ごろと推測されている。美濃攻略中の出来事になる。

森可成や信長弟の織田信治らが討死したが、宇佐山城は武藤《むとう》五郎右衛門《ごろうえもん》、肥田彦左衛門《ひだひこざえもん》らが持ちこたえ死守した。ただ、浅井・朝倉の連合軍は逢坂《おうさか》を越え、醍醐《だいご》、山科《やましな》を放火しつつ京近辺まで進撃し、この注進が、三好攻めを敢行している信長のもとへ入った。信長も「賊軍」を京都へ乱入させては京都を守護する武将としての権威が失墜すると判断し、三好攻めを断腸の思いで諦めて帰洛した。

連合軍は、信長の参陣を見て怖気《おじけ》づいたのか、〈敗軍の体《てい》たらくにて叡山《えいざん》へ（敗軍の様子で比叡山へ）〉逃げ上がった。比叡山に逃げ込まれては一気に攻略はできないと判断した信長は、比叡山に対し、味方になるか、それが無理なら中立を守るように恫喝を交えて要請したが、無視された。連合軍との対陣が長引き、森可成と並ぶ勇将の坂井《さかい》右近（政尚《まさひさ》）も堅田《かただ》で討死し、摂津では三好勢が息を吹き返し、さらに本国尾張では舎弟織田信与《のぶとも》が一向一揆に小木江城を攻められ自害するという守勢に陥った。「志賀《しが》の陣」といわれる信長の危機である。信長は、危機打開に向けて、将軍義昭、関白二条晴良《にじょうはれよし》を引き出して連合軍との和睦に漕ぎつけ、岐阜に帰国することに成功する。

比叡山を焼き討ち

翌元亀二年（一五七一）九月、信長は比叡山を焼き討ちする。

〈信長公の御味方忠節申すについては、御分国中にこれある山門《さんもん》領、元のごとく還し付けらるべきの旨、御金打《ごきんちょう》候て仰せ聞かせらる。しかしながら出家の道理にて、一途の贔屓《ひいき》なり難きにおいては、見除《けんじょ》仕り候えと、ことを分けて仰せ聞かせられ（中略）もしこの両条違背については根本中堂《こんぽんちゅうどう》・山王《さんのう》二十一社をはじめ奉り、焼き払わるべきの旨上意候き（信長公に味方して忠節を尽くすなら、信長の領国にある山門領はもとのように還付する、と金打〔刃物を打ち当てながら行う誓約〕して申し聞かせた。しかし、出家の身として一方に荷担することができないのなら、中立せよ、と道理を説いて説得された〔中略〕もし、この両条を守らないのなら、根本中堂、山王二十一社をはじめ全山を焼き払う、と通達した）〉。前年このように警告していたが、まさにこれを実行に移した。朝廷をはじめ各地にかなりの衝撃をもってその噂が伝播《でんぱ》した。

比叡山側にすれば、信長が山門領を返還すると誓約してもそのままには信じられなかっただろう。ましてや浅井・朝倉連合軍を追い出すことは難しい要求でもあった。また、比叡山にしても、まさか焼き討ちされるとは思ってもいなかっただろう。もし、信長が本気であることを読み切っていれば、何らかの対処方法もあったと思われる。

比叡山の焼き討ちについては、「天下のため笑止なること」（『お湯殿《ゆどの》の上《うえ》の日記』）「仏法破滅」（『言継卿記』）など暴挙と認識される一方、前年に比叡山を訪れていた奈良興福寺《こうふくじ》の僧侶多聞院英俊《たもんいんえいしゅん》は、その日記に、堂塔の荒廃などに触れたあと「僧衆はおおむね坂本に下って乱行不法、限りなし。修学廃怠の故、かくのごとし。一山相果てる式なりと、各々語る」とその堕落ぶりを記していた。自業自得ということになろうか。

焼き討ちそのものについては、発掘調査の成果から、それほど大規模な焼き討ちはなかったのではないか、と推測する向きもあるが、文献には小規模とは思えない記述がある。奈良からでも焼き討ちと思われる明かりが遠望されているほどである。発掘調査は全山に及んでいるわけではなく、今後の課題の一つだろう。

〈九月十二日、叡山へ御取懸け候（九月十二日、比叡山への攻撃を始めた）〉

信長は、この直前、守山の金森《かねがもり》の一揆を攻略し、人質を収めたあと、〈直《すぐ》に南方表《なんぽうおもて》へ御働きと仰せ触れらる（ただちに南方へ出馬する、と命令を出された）〉。本願寺攻めをすると見せかけた陽動作戦を展開し、急遽《きゅうきょ》、比叡山を囲んだ。

〈一宇《う》も残さず、一時に雲霞《うんか》のごとく焼き払（一棟の建物も残さず、ひと時の間に雲霞のように焼き払）〉った。〈悪僧の儀は是非に及ばず、これはお扶《たす》けなされ候え、と声々に申し上げ候といえどもなかなかご許容なく、いちいちに頸を打ち落とされ、目も当てられぬ有様なり。数千の屍、算を乱し、哀れなる仕合せなり。年来の御胸朦《ごきょうもう》を散ぜられおわんぬ（悪い僧侶は仕方ないが、「この者は助命されてはどうか」と申し上げたが、なかなか許しが出ず、一人残らず首を打ち落とされ、目も当てられない惨状となった。数千人の死体が散乱し、哀れなことであっ

た。信長は年来の鬱憤《うっぷん》を晴らした)〉
牛一は〈天下の嘲弄《ちょうろう》をも恥じず、天道《てんとう》の恐れをも顧みず、淫乱《いんらん》、魚鳥服用せしめ、金銀賄《まいな》いに耽《ふけ》って(世間の蔑《さげす》みにも恥じず、天道をも恐れず、淫乱し、魚鳥を食し、金銀を貯めることに耽って)〉、と口を極めて比叡山の堕落を記す。牛一は還俗する前、尾張の成願寺(常観寺)で僧となっていたが、当時の成願寺は天台宗だったという。牛一に比叡山を擁護するような表現は見られない。

武田信玄

信長に関心を示す

尾張国味鏡《あじま》（味鋺）の天永寺《てんえいじ》の天沢《てんたく》という天台宗の師僧が、関東への下向時に甲斐国を通った時、領主の武田信玄《しんげん》に挨拶するように奉行人から指示され、信玄に対面した時のことが「首巻」に記されている。牛一は同じ天台宗の僧として天沢と面識があり、天沢からその時の様子を聞いていたのだろう。信玄は天沢に対し、〈信長の行儀をありのまま残らず物語候え（信長の普段の生活の様子をありのまま残らず話して欲しい）〉と命じた。

武芸の鍛錬などは、前述の「若き日の信長」の箇所と重なるが、「敦盛」や小歌の趣味、さらには鷹狩時の工夫を詳しく話した。これらの話を聞いた信玄は、信長を高く評価し、〈五倍子を嚙みたる体《てい》（五倍子を嚙んだ時のように苦り切った様子）〉だったという。道三が信長と対面した時と同様の表現である。

また、伝本によっては記載されていないが、〈六人衆〉にも触れている。〈六人衆ということ定められ、弓三張の人数、浅野《あさの》又右衛門・太田《おおた》又助・堀田孫七《ほったまごしち》、鑓三本人数、伊藤清蔵《いとうせいぞう》・城戸小左衛門《きどこざえもん》・堀田左内《さない》、以上、この衆はお手回りにこれあるなり（弓矢の技量に優れた三人と、鑓の名手三人を合わせた「六人衆」というものを定めた。「弓三張」は浅野長勝《ながかつ》・太田牛一・堀田孫七の三人、「槍三本」は伊東長久《ながひさ》・城戸小左衛門・堀田左内である。この六人は信長のそば近くに仕えた）〉と牛一自身のことも記載しており、信長の側近衆であったという名誉を特筆している。浅野長勝は秀吉の正室「ねね」（高台院）の養父である。伊東長久の「長」は信長からの偏諱だろう。赤母衣衆《あかほろしゅう》の一人に選ばれている。無骨者の伊東武兵衛《ぶへえ》の弟である。堀田孫七、同左内は津島《つしま》の堀田氏だろう。左内はのちに安土城築城の瓦《かわら》奉行を務めた。城戸小左衛門は愛知郡古井《こい》の城戸氏、信長次男の信雄《のぶかつ》に仕えた城戸内蔵助の一族だろう。もともとは今川《いまがわ》氏の家臣だったともいう。信玄が信長に関心を寄せたのは、やはり桶狭間の戦勝後と思われる。

信長は、美濃攻めの過程で武田信玄と敵対したことがあった（前述）が、その後友好関係を結び、永禄八年（一五六五）には姪《めい》（妹の子）を養女として信玄四男の勝頼《かつより》に嫁がせ姻戚関係を構築した。この養女が元亀二年（一五七一）に病死すると、今度は嫡男信忠《のぶただ》の正室に信玄の息女「松姫《まつひめ》」を貰い受けることを約諾し、結びつきを強めようとした。しかし、信長と信玄との関係は徐々に変化する。信長が上洛して将軍足利義昭《よしあき》を補佐するようになると、信長の地位が相対的に高まり、信玄が駿河攻めの過程で苦境に陥った時、信玄は「信長に見放されれば滅亡してしまう」と危機感を募らせ、信長を頼るほどとなった。信長としては信玄の危機を救ったという「貸し」があったが、その後、信玄は方針を変更し、大坂本願寺、浅井・朝倉、松永久秀《ひさひで》、将軍義昭をも巻き込んで、「反信長」の旗幟を鮮明にし、信長与党の徳川家康に矛を向けた。

三方ヶ原の戦い

元亀三年（一五七二）末には、武田信玄と手切れとなり、家康に援軍を送るも三方ヶ原の戦いで惨敗。友好関係の信玄に出し抜かれ、烈火のごとく怒る。十一月二十日付上杉謙信《けんしん》宛書状写には、武田氏とは「未来永劫《えいごう》」を経ても同盟することはないと断言する（『歴代古案』ほか）。この時の怒りは、後年の徹底した武田氏討滅につながる。かつて信玄滅亡の危機を救ったにもかかわらず、裏切られたという思いが強かったのだろう。

〈信長公御家老の衆、佐久間《さくま》右衛門尉、平手《ひらて》甚左衛門、水野下野守《みずのしもつけのかみ》大将として、御人数遠州浜松に至り参陣のところに、はや二俣《ふたまた》の城攻め落とし、その競《きお》いに、武田信玄堀江《ほりえ》の城へ打ち廻りとしてあい働き候。家康も浜松の城より御人数出だされ、身方が原にて足軽ども取り合い、佐久間、平手はじめとして駆け付け、互いに人数立て合い、すでに一戦に取り向かう（信長公の家老である佐久間信盛・平手汎秀《ひろひで》・水野信元《のぶもと》が大将となって浜松城の家康の援軍に出陣したが、到着したころには、信玄はすでに二俣城を攻め落とし、その余勢を駆って堀江城へ向かい、攻撃を開始。これに対応して家康も浜松城から出撃し、三方ヶ原で足軽どもの戦いが始まり、佐久間、平手らが援軍に駆け付けて互いに対峙し、すぐさま戦闘を交えた）〉

周知のように、信長の援軍と徳川家康が、武田信玄の軍勢に打ち掛かり、大敗した三方ヶ原の戦いである。三方ヶ原の戦いも、他の合戦同様、詳しい戦闘経過はわからないが、武田軍が勝利したことは各種史料から確認できる。なお、この時の信玄の出陣については、遠江領有説、上洛説、また信長の本拠岐阜城の攻略説など諸説あり、いまだに定説をみない。

信玄は、合戦二日後に共同戦線を張っている朝倉義景に書状を認《したた》め、「三・遠両国の凶徒、並びに岐阜の加勢の衆、悉《ことごと》く討ち取り、存分のごとく本意を達し候」と伝えている。その四日後にも再度、義景に書状を出し、千人余りを討ち取ったと具体的な数字を挙げて戦果を誇っているが、義景が北近江から帰国した情報に対し、「信長が滅亡する好機が到来したにもかかわらず帰国したのでは、今までの苦労が徒労になる」と非難した。その後の運命を暗示するような内容である。このころ、信長から離反した松永久秀も「徳川敗軍、信長衆歴々あい果て候由、珍重《ちんちょう》に存知候」と認めており（『護国寺文書』）、本願寺顕如《けんにょ》も信玄に対し戦勝を祝している。

信長の援軍については、『信長公記』には、前述のように佐久間信盛、平手汎秀、水野信元が大将として派遣されたと記してあるが、その軍勢の数はわからない。『総見記』の三千人が定説となっていたが、最近ではその他の史料を採用し、もっと多い人数を想定する説が出されている。信盛は、信長家臣の中でも筆頭格の武将、汎秀は、信長の二番家老平手政秀の後継者、水野信元は家康の伯父で、尾張から三河にかけて勢力を誇った武将であり、この三人の軍勢が三千人というのはあまりにも少ないという指摘である。また、三将のほか、滝《たき》川一益《がわかずます》、林秀貞《はやしひでさだ》、美濃三人衆、毛利長秀《もうりながひで》らも派遣されていたともいう。三方ヶ原の戦場には三千人程度が出陣しただけだったが、浜松城など各城に適宜配置されていたという見方もある。

汎秀は討死したが、信盛や信元は無事に帰陣した。この時にはとくに処罰された形跡はないが、信元は天正三年（一五七五）に処断され、信盛も同八年に追放された。信盛を糾弾した信長自筆の譴責状《けんせきじょう》（後述）には、その罪の一つとして平手汎秀を見殺しにしたことも含まれていた。信長は、自分自身ではこの時まで敗戦したことがなかったと認識しており、信長自身は出馬していなかったものの、織田軍の不甲斐《ふがい》ない戦いぶりに業を煮やしていたのかもしれない。

三方ヶ原の戦いでは、信長から追放処分を受けていた、かつてのお気に入りの小姓衆（長《は》谷川橋介《せがわきょうすけ》、佐脇藤八《さわきとうはち》、山口飛騨守《やまぐちひだのかみ》、加藤弥三郎《かとうやさぶろう》の四人）も帰参を願って従軍したが、全員討死した。〈一番合戦に一手に懸り合い、手前比類なき働きにて討死なり（最初の戦闘で一緒になって突撃し、比類のない武功を挙げて討死した）〉

また、合戦にまつわる逸話も載せている。清洲で具足屋を営んでいた玉越《たまこし》三十郎という二十四、五歳の町人が、四人衆の見舞いとして浜松を訪れていたが、合戦が近づいたので四人衆は帰国を勧めたが、ここで帰国しては男が廃《すた》るとばかり、四人衆が討死を覚悟しているのなら、四人衆にお伴するとし、一緒に戦場を疾駆し、〈枕《まくら》を並べて討死（揃って討死）〉した。この逸話は、成立の早い池田本や太田本には記されておらず、成立の遅い建勲《けんくん》本に記載されている。牛一がのちに聞き込んだ情報だったのだろう。

徳川家康

敵対から同盟へ

信長と家康の初対面はいつだったのだろうか。家康は幼少時、人質として尾張熱田にいたので、好奇心旺盛《おうせい》な信長ならその様子を見に行ったのではないかという説もある。良質な史料からは確認できないが、可能性としてはあり得るだろう。

家康は「首巻」から登場する。桶狭間の戦いの箇所である。桶狭間での戦闘には参加していないが、今川軍として織田方の砦に攻囲されている大高城への兵粮《ひょうろう》入れを成功させる武功を挙げた。〈家康は朱武者《あかむしゃ》にて先駆けをさせられ、大高へ兵粮入れ、鷲津・丸根にて手を砕き、御辛労なされたるによりて人馬の息を休め、大高に居陣なり（家康は朱色の武具を着けて先駆けし、大高城へ兵粮を入れた。鷲津山砦・丸根山砦攻めの戦闘で疲労したことから、この時は人馬ともに休息するため大高城に入城していた）〉

桶狭間で信長が今川義元《よしもと》を討ち取った時、家康は大高城に在城していたため、敗戦に巻き込まれなかった。信長方である伯父の水野信元《のぶもと》から義元討死の報を得て三河に撤退し、岡崎《おかざき》城を居城とした。その後、今川義元の後継者氏真《うじざね》を見限り、信長と和睦・同盟を結び、嫡男の信康《のぶやす》に信長の息女「五徳《ごとく》」を貰い受け、同盟関係を強固なものとした。本能寺の変までの約二十年の長きにわたって同盟関係を維持し続けた。当初は対等に近かった関係も、天正十年（一五八二）ごろには、家康は信長の家臣に準じる立場に変化していた。

攻守同盟

永禄十一年（一五六八）九月、信長は将軍候補の足利義昭《よしあき》を奉じて上洛軍を編制したが、自らの領国に加え、家康からの援軍も加えて上洛した。二年後の永禄十三年（元亀元年）四月には、大規模な軍勢を催して越前攻めに出馬したが、この時には家康自らが参陣した。将軍義昭の呼びかけに応じたものという説もあるが、信長の出馬があっての参陣である。建勲本などには四月の越前攻めの箇所には登場しないが、池田本には手筒山《てづつやま》城攻撃の箇所に〈徳川家康公、南大手の口より攻め入られ候（家康公は南の大手から攻め入った）〉と活躍が記されている。越前侵攻作戦は、浅井氏の裏切りで撤退を余儀なくされたが、この年六月には浅井・朝倉連合軍を姉川の戦いで打ち破った。

合戦に参加した人数というものは記録によってまちまちである。姉川の戦いも同様にはっきりしないが、諸記録から見ると、浅井軍が五千、援軍の朝倉景健《かげたけ》が八千というのが妥当なところだろうか。対する織田・徳川連合軍は二倍近くを動員していただろう。本来なら、主力でもあり、戦場にも近い信長軍が一番合戦をするのが常道だが、この時は、家康が強硬に一番合戦を望んだ。『信長公記』にも〈一番合戦、家康公向かわせられ（一番合戦に家康公が出撃された）〉と記述されている。

合戦当日、信長が将軍側近の細川藤孝《ふじたか》に宛てた書状案（『津田文書』）には「今日巳時《みのとき》（午前十時ごろ）、越前衆（朝倉軍）ならびに浅井備前守（長政《ながまさ》）、横山後詰《ごづめ》として野村と申すところまで取り出し、両所に人数を備え候、越前衆一万五千ばかり、浅井衆五、六千もこれあるべく候か、同刻、この方より切り懸り、両口一統に合戦を遂げ、大利を得候。首のこと、さらに校量を知らざるの間、註《ちゅう》するにおよばず候。野も田畑も死骸《しがい》ばかりに候。誠に天下のため、大慶これにすぐべからず候」とある。自軍の勝利を効果的にするため、敵軍勢を多く見積もる傾向があり、朝倉軍の一万五千は誇張だろう。姉川の戦いについては、信長軍が浅井軍に苦戦していたところ、寡兵の家康軍が朝倉軍を撃破し、その余勢で浅井軍も蹴散らしたというような説があるが、江戸時代の家康礼賛の影響に過ぎない。

その後、大坂本願寺の挙兵、浅井・朝倉氏の逆襲などで「元亀の争乱」に突入していくことになるが、危機的な状況に陥っている信長に対し、家康はこの年三回目の援軍を派遣した。家康自身が援軍として駆け付けたといわれるが、実際には家康の家臣が代将として加わったようである。一年間に三度も他国まで援軍を派兵するというのは、武田信玄を警戒している家康にとっては大変な負担だったと思われる。信長にとっては頼もしい同盟相手であり、非常に稀な同盟関係だったといえるだろう。

その信長にも家康に援軍を送る時が来た。元亀三年（一五七二）末の三方ヶ原の戦いである（前述）。畿内の不穏な情勢や本国美濃の守備を固める必要があったとはいえ、信長の動員兵力からすればわずかな数の援軍だった。その後、天正二年（一五七四）六月五日、武田勝頼《かつより》が徳川方の高天神《たかてんじん》城を攻囲したという報が入り、援軍として信長は嫡男の信忠《のぶただ》を伴って同十四日に出馬し、同十九日には今切《いまぎれ》の渡《わたし》まで進軍したが、高天神城落城の報が入ったため、そこからすぐに吉田《よしだ》城まで引き返した。〈家康も遠州浜松より吉田へ御出で候て、御礼御申すのところに、今度御合戦に及ばれざること、御無念に思召され候。御兵粮代として黄金皮袋二つ、馬に付けさせ家康公へ参らせらる（家康も浜松から吉田へ赴いて信長にお礼を申したところ、信長は、今回合戦できなかったことは残念である。兵粮代として黄金を入れた革袋二つを馬に乗せて家康へ差し上げられた）〉。援軍が間に合わなかったため〈昔も承り及ばず（今まで聞いたこともない）〉という莫大《ばくだい》な黄金を贈って謝した。翌年の長篠の戦いでは、万全を期して援軍に赴き、会心の勝利を収めた（後述）。〈家康、年来の愁眉《しゅうび》を開き御存分を達せらる（家康は長年の心配がなくなって安心し、思い通りとなった）〉。武田勝頼の攻勢に苦しめられていた家康だったが、長篠の勝利後は、ほぼ対等に勝頼と渡り合えるようになった。

女婿信康、自害

信長の女婿であった信康は、天正七年（一五七九）九月十五日自害した。かつては、信長が嫡男信忠の将来を慮《おもんぱか》って優秀な信康を亡き者にしておく必要から信長が命じたこととされてきた。実際には、信長の命ではなく、徳川家内部の権力闘争であるとの説などが出されている。信康の事績については、かなり潤色されたものが多く、良質な史料が極端に少なく、不明な部分が多い。信忠も本能寺の変で信長に殉じたことから、それほど多くの史料はないが、信康に比べると格段に多い。信康が自害した時までの信忠の実績は、信長の後継者に相応しいものである。天正五年の松永久秀《ひさひで》の反乱に対しては、信長に代わって信忠が総大将として出陣し、鎮圧に成功。その後、信長に代わって陣頭指揮を執るなど後継者として着実に経験を積んでいた。信長没後、信忠が信康に脅威を感じるということは考えにくい。二人は全く次元の異なる後継者でもあった。

当然ながら、信長は女婿である信康にも期待していただろう。信康の通称は、良質な史料を見ると「三郎」である。信長は父信秀も自分も名乗った三郎の名前は信忠には譲っていない。稀有《けう》なことだが、女婿となった信康に継がせたのだろうか（信康の祖父広忠《ひろただ》の通称も三郎だが）。信康と「五徳」との間に初孫が生まれてからは、年末・年始に三河へ鷹狩に訪れることがあった。愛娘の「五徳」や孫の顔を見るためだった可能性もあろう。こんな信長が正当な理由もなく信康を自害させることは考えにくい。「信康事件」については、建勲本などには見えないが、成立の古い伝本には、わずかながら記載がある。

最も成立が古いと思われる『安土日記』には〈さるほどに三州岡崎三郎殿、逆心の雑説申し候、家康並びに年寄衆《としよりしゅう》、上様へ対し申し、勿体《もったい》なき御心持然《しか》るべからざるの旨、異見候て、八月四日に三郎殿を国端《くにはし》へ追い出し申し候（さて、三河の松平〔徳川〕信康殿が謀反を企てたという不確かな噂が流れ、家康や家老衆は、信長に対して、不届きな心掛けで良くないことであると異見し、八月四日には信康殿を三河の国境へ追放した）〉。家康は四日後の八月八日付で信長の側近の堀秀政《ほりひでまさ》に対し、「三郎（信康）不覚悟について、去る四日、岡崎を追い出し申し候」（『信光明寺文書《しんこうみょうじ》』）と伝えており、『安土日記』の記述を裏付ける。徳川方の史料といわれる『当代記』でも「父家康の命令を聞かず、信長公をも軽んじ、家臣以下にも非道を行っている」旨を信長に伝えたところ、信長は「父の家康や家臣にも見限られているのであれば、家康の処置に任せる」と伝えた。

『安土日記』では「逆心」と表記しているが、その後に執筆した池田本（自筆）には〈ここに三州岡崎の三郎殿不慮に狂乱候について遠州堀江の城に押し込め番を据え置かれ候（ここに、三河岡崎の信康殿は、にわかに気が狂ってしまったので遠江の堀江城に押し込め、警備の者を配置した）〉。〈逆心〉から〈狂乱〉に変化し、その後に執筆された『信長公記』には記事そのものが削除されている。家康への配慮と思われる。結局、信康は九月十五日、自害して果てた（奇《く》しくも関ヶ原の戦いと同じ日である）。寡婦となった「五徳」（岡崎殿）は、美濃へ帰った（『家忠《いえただ》日記』）。

高天神城落城

天正九年（一五八一）三月、長期籠城戦の末、ようやく遠江の高天神城が落城した。家康が攻囲戦を続けていたが、信長は検使を送って作戦を伝えた。勢威を落としていた武田勝頼では援軍を送ることはできないと予測し、降伏を認めずに落城に追い込めば、勝頼の権威は失墜するという大局的な見地からの作戦である。直接的な命令ではなく、家康と家老衆が相談すればいいと伝達させているが、実質的には命令に等しかったと思われる（『下総結城《しもうさゆうき》水野家文書』）。結果的には最上の作戦だっただろう。

牛一は〈高天神籠城の者過半餓死に及び、残党零《こぼ》れ落ち、柵木《さくのき》を引き破り罷《まか》り出で候をここかしこにてあい戦い、家康公御人数として討ち取る頸の注文〈高天神城に籠城していた者は過半が餓死し、残ったものは裏切って柵を壊して脱出し、あちらこちらで戦い、家康公の軍勢が討ち取った首の書付〉に交名《きょうみょう》を列記。信長に報告するために記録したのだろう。この一事をもってしても、やはり信長の指示のもとに作戦を遂行しており、信長の家臣に準じる地位にあったと思われる。

高天神城は、今川、武田、徳川の三大勢力の狭間で重要な位置を占め争奪戦が繰り広げられたが、天正二年（一五七四）、信玄の跡を継いで意気軒高な勝頼が猛攻を加えて攻略。のちに守将には東国で武勇の隠れない今川旧臣の岡部元信《おかべもとのぶ》を入れ置いた。元信は、主君今川義元が桶狭間の戦いで討死し、今川軍が総崩れになったあとも鳴海城に留まり、今川武士の武勇を示した猛将である。その猛将が入城したのだから家康も堪《たま》らない。勝頼は、長篠での敗戦後も武田氏の版図を拡大していたといわれるが、上杉謙信《けんしん》没後の家督争いに介入する失態を演じた。勝頼は謙信の甥《おい》の景勝《かげかつ》を支援し、同盟先の北条氏政《ほうじょううじまさ》の弟で謙信の養子となっていた景虎《かげとら》を敵に回したことで北条氏との同盟は崩れ、織田、徳川、北条を敵に回し、窮地に立たされた。

〈武田四郎、御武辺に恐れ、眼前に甲斐、信濃《しなの》、駿河三か国にて歴々の者上下その数を知らず、高天神にて干殺《ほしころ》しにさせ、後巻《うしろまき》仕らず、天下の面目を失い候〈武田勝頼は、信長の武威に恐れ、甲斐・信濃・駿河の三か国で名の知られた多くの武士が籠城している高天神城を救援せず、眼前で落城させたことで、天下の面目を失った)〉。信長の深謀遠慮の作戦が覿面《てきめん》に表れ、翌年の武田氏の呆気《あっけ》ない滅亡を招来したのが、この高天神城の落城であった。

家康を饗応

天正十年(一五八二)の武田攻めの論功行賞で駿河一国を与えられた徳川家康と、武田の降将穴山梅雪《あなやまばいせつ》が信長に御礼言上のために安土に参上することになった。家康は、今回の論功行賞で駿河国を拝領する立場となり、ほとんど臣下に近い関係になっていた。それでも信長は家康を特別扱いし、単なる家臣ではなく、客将的な態度で接した。

〈信長公、当春東国へ御動座なされ、武田四郎勝頼、同太郎信勝《のぶかつ》、武田典厩《てんきゅう》、一類歴々討ち果たし、御本意を達せられ、駿河・遠江両国、家康公へ進ぜらる。その御礼として、徳川家康公並びに穴山梅雪、今度上国候。一廉《ひとかど》、御馳走《ごちそう》あるべきの由候て、まず街道を作らせ、所々御泊〳〵に国持ち、郡《こおり》持《も》ち大名衆罷り出で候て、およぶほど結構仕り候て、御振る舞い仕り候えと仰せ出だされ候なり〉(信長公は、この春東国へ出馬され、武田勝頼・信勝父子、武田信豊《のぶとよ》らの武田一族を討ち取り、本懐を遂げられ、駿河・遠江両国は家康公へ与えられた。そのお礼として家康公と穴山梅雪は、この度上国することになった。信長は、特別な接待をするように命じ、まずは街道を整備し、各地の宿泊地では国持ち大名、郡持ち大名〈郡単位を支配する大名〉が自ら出向き、できる限り見事な宿泊施設を拵《こしら》え、御馳走するように命令された〉。信長は、自身が武田攻めから凱旋した時の家康の饗応《きょうおう》に感じ入っていたため、その返礼として家臣に家康一行を接待させた。

家康一行は五月十五日、安土に到着。安土での饗応は明智《あけち》光秀《みつひで》が担当し、十五日から十七日までの三日間、〈京都、堺にて珍物を調え、夥《おびただ》しき結構にて〈京都や堺から珍しいものを取り寄せ、驚くような用意をして〉〉もてなした。安土城内の摠見寺《そうけんじ》で、十九日に幸若《こうわか》八郎九郎《はちろうくろう》大夫《だゆう》の舞い、翌二十日には丹波猿楽《さるがく》の梅若大夫《うめわかだゆう》の能を家康一行に披露する予定だったが、十九日の舞いが早めに終わったため、急遽、翌日に予定していた能を演じさせた。演者泣かせの権力者の気まぐれである。哀れを留めたのは梅若大夫である。翌日に予定していたものを前日に、しかも急遽、天下人の前で演じるのだから堪ったものではなかっただろう。〈御能不出来に見苦しく候て、梅若大夫御折檻《ごせっかん》なされ、御腹立ち大方ならず〈演能の出来が悪くて見苦しかったため、梅若大夫を叱責《しっせき》し、非常なご立腹だった〉〉

信長の機嫌が悪くなり、家臣も大変である。側近の菅屋《すがや》長頼《ながより》と長谷川秀一《ひでかず》が使者となって幸若八郎九郎大夫の楽屋へ赴き、能のあとに舞いは本式ではないが、信長の所望なのでもう一度舞うように指示した。この舞いが上出来だったことで信長の機嫌も直った。本能寺の変の要因として信長が光秀を折檻したからという説があるが、光秀は自領の丹波から梅若大夫を呼び寄せ、それが不出来だったことで、面目を失ったのではないかと思えるほどの不機嫌さだった。

その後、家康一行は、京都・大坂・奈良・堺を見物するために上洛。堺で茶会などを楽しんでいたが、六月二日未明に本能寺の変が勃発し、家康の運命をも変えることとなった。

浅井・朝倉両氏の滅亡

浅井・朝倉との関係

信長と浅井氏との関係については、信長の美濃攻めの時に、いわゆる遠交近攻策《えんこうきんこう》として北近江の浅井と結んで斎藤《さいとう》氏を攻めた可能性もあるが、はっきりしない。妹「お市《いち》」を浅井長《なが》政《まさ》に嫁がせて姻戚関係を結んだが、この年次についても諸説あり、いまだに定説をみない。永禄十一年（一五六八）九月、足利義昭《よしあき》を奉じた上洛戦には浅井氏も供奉したと思われるが、その活躍は伝わらない。むしろ、働きが悪く、信長の家臣から非難され、ひと悶着《もんちゃく》を起こしたともいう。

織田氏と朝倉氏の関係は古い。姻戚関係だった時期もある。もともと織田氏と朝倉氏は、ともに斯波《しば》氏の家臣だったが、応仁の乱に乗じて朝倉氏は主家の斯波氏を裏切って独立し、斯波氏から越前を奪った。織田氏から見れば、朝倉氏は「不忠者」。越前守護を獲得した朝倉氏から見れば、織田氏は「陪臣《ばいしん》」。こうした両氏の感情が底流に流れていたともいわれる。それでも父信秀《のぶひで》の時代には、朝倉氏と協力し、斎藤道三《どうさん》に追放されていた美濃守護土岐《とき》氏を帰国させる動きを共同で進めたこともあった。

朝倉義景は、義昭が越前に頼ってきた時には手厚くもてなしたものの、上洛の意思はなかった。義昭は仕方なく、信長を頼るが、義景にとっては「鳶《とんび》に油揚げをさらわれる」ことになり、面白いはずはなかった。義昭もその点は承知し、越前を離れる時には、義景に対し、今後も見放さない旨を保証した（『永禄記』ほか）。しかし、義景は、義昭の上洛戦にも協力せず、その後の上洛要請にも応じなかったといわれる。信長は上洛した二年後、畿内近国の大小名に上洛を命じ、その触状《ふれじょう》の写しが伝わっているが、その宛所に朝倉氏の名前は見えない。朝倉氏には上洛命令を出さずに、上洛命令に従わないと難癖をつけて攻撃したという見方もあるが、難しい解釈だろう。義昭から直々に使者が派遣されたと見た方がいいかもしれないが、むしろ、義景は信長が奉戴する義昭政権に対して協力する意思のないことが、信長陣営にも伝わっていたと見た方が理解しやすい。信長が出馬する前から、朝倉方では織田軍の侵攻を予想しており、迎撃態勢を整えていた節があり、すでに交戦は時間の問題となっていた。

越前攻め

永禄十三年（元亀元年＝一五七〇）四月、信長は大規模な軍勢を編制して越前攻めに出馬した。将軍義昭の代将としての軍事行動である。〈四月二十日、信長公京都より直ぐに越前へ御進発（四月二十日、信長は京都から越前へ御出馬）〉した。この様子を目撃した京都の公家山科言継《やましなときつぐ》は、三万人ほどの大軍で、幕臣のほか公卿衆で参陣した者もいた旨を記しており、大勢の見物人（「貴賤《きせん》男女僧俗」）に見送られて出馬した。若狭への出陣という触れ込みだったが、実質は越前の朝倉攻めの含みを持たせた出馬だったとみられる。

四月二十五日には手筒山城を攻撃。信長自身が敵城をめぐる地形を巡視した上で、〈かの城高山にて、東南、峨々《がが》と聳《ソビヘ》たり。しかりといえども頻りに攻め入るべきの旨、御下知の間、すでに一命を軽んじ、粉骨の御忠節を励ませられ、ほどなく攻め入り、頸数千三百七十討ち取る（手筒山城は高山であり、東南は険しく聳え立っている。それでも信長は執拗《しつよう》に攻撃するよう命令したため、みなの者は討死を覚悟して全力で突撃した。ほどなく攻略し、千三百七十の首を討ち取った）〉。難攻不落ともいうべき手筒山城を前にして、信長が力攻めを命じ、猛攻を加えて攻略した。兵力の損耗を覚悟の上で猛攻したのは、戦陣の血祭に挙げ、周辺の敵城に対するデモンストレーションでもあった。その狙い通り、並びの金ヶ崎《かながさき》城に籠城していた朝倉中《なか》務大輔《つかさのたゆう》（景恒《かげつね》）は恐れをなして〈いろいろ降参いたし退出候（さまざまな言い訳をして降伏し、開城した〉。疋田城《ひきた》も〈これまた明け退く（これまた開城した）〉。見事に信長の戦略が奏功し、信長はこの勢いをもって越前に乱入しようとしたが、その矢先、浅井長政が離反したという情報が入った。

浅井氏離反

〈浅井は歴然の御縁者たるの上、剰《あまつさ》え江北一円に仰せつけらるるの間、不足これあるべからざるの条、虚説たるべしと思《おぼ》し召し候（浅井は知られているように信長の縁者であり、その上、北近江の支配も任せているのに、不満のあるはずがない。虚報であろうと思われた）〉。にわかには信じなかったという。妹「お市」を嫁がせているので縁者には違いないが、北近江の領地は信長が与えたものではない。信長としては、北近江は攻めずに安堵《あんど》してやっているという感覚だったのだろうか。浅井氏にとっては、とんでもない認識であると思わざるを得ない。

姉川の戦い後に毛利元就《もとなり》に宛てた信長の覚書にも「かれら（浅井氏）儀、近年別して家来せしむるの条」（『毛利家文書』）と記しており、信長の浅井氏に対する認識が見て取れる。こうした信長の意識を浅井氏が敏感に感じ取って、信長から離反したのだろうか。また、建勲本などには記載がないが、池田本には前年の北畠《きたばたけ》攻めに、浅井長政配下の阿閉淡路守《あつじあわじのかみ》（貞征《さだゆき》）・孫五郎（貞大《さだひろ》）父子、磯野《いその》丹波守（員昌《かずまさ》）の従軍が記されている。とくに恩賞を与えたという史料がないので、信長に対する不信感が芽生えていったのかもしれない。ただ、今回の信長軍の越前攻めは、将軍義昭の代理としての軍であり、将軍に対する謀反と捉えられても仕方のない側面もあった。

振り返ってみると、信長はこの越前侵攻作戦において浅井氏にどういう役割を期待していたのか、いまひとつ不明である。本来なら将軍の軍として朝倉攻めに参陣させるべきだが、そうした動きは確認できない。もっとも、当時の表向きの理由は若狭の武藤氏を討つという触れ込みだった。信長も、意外に早く手筒山城、疋田城などを攻略できたので、その勢いで越前への乱入に踏み切ったのかもしれない。しかし、浅井氏が離反しなかったとしても、一気呵成に越前一乗谷《いちじょうだに》城まで攻略できたとは思えない。越前への侵攻作戦の橋頭保を確保するくらいの戦果で十分と認識していたのではないか。

いずれにしても浅井氏の離反で攻守所を変え、小人数で撤退に移った。信長は出陣時とは打って変わって、四月三十日、真夜中に十人ほどでひっそり帰洛した。信長が最も苦しめられた「元亀の争乱」の始まりである。

元亀元年（一五七〇）六月二十八日の姉川の戦いは、信長にとっても初めての本格的な会戦となった。最近の研究では、単なる遭遇戦ではなく、浅井方の奇襲という見方もある。浅井氏としては越前からの援軍が来ている今が好機と捉え、信長軍が横山《よこやま》城に撤退するのを追撃し、開戦に持ち込んだ。これに対応して信長軍が反転したため、最後尾の信長本陣が先陣となり、信長は馬廻衆《うままわりしゅう》で戦うことになった。〈推《お》しつ返しつ散々に入り乱れ、黒煙立て、鎬《しのぎ》を削り、鍔《つば》を割り、ここかしこにて思い〳〵の働きあり。ついに追い崩し（攻めたり退いたりと非常に入り乱れ、黒煙を立て、鎬を削り、鍔を割り、あちらこちらでそれぞれが戦い、ついに追い崩し）〉た。通り一遍の合戦描写になっている。姉川の戦いの前哨戦での牛一の活躍は『甫庵信長記』などに記されているので、牛一はその後の姉川の戦いにも参戦していただろう。合戦の描写というのは、参戦していた者でも自分の手前の働きだけで精一杯であり、これくらいしか書けないものなのだろうか。全体を俯瞰《ふかん》して状況を把握できるのは、やはり総大将ということになろう。

朝倉氏滅亡

天正元年（一五七三）という年は、武田信玄《しんげん》が急死し、将軍義昭を追放するなど「信長の時代」が到来し、この余勢で浅井・朝倉を相次いで滅ぼすことに成功する。八月八日、浅井方の阿閉貞征が内通してきたことを好機と捉え、〈夜中に信長御馬を出ださる（夜中に信長は出馬された）〉。電光石火の行動である。敵方からの内応に素早く対応し、一気呵成に敵軍を打ち破るのは信長の得意とした戦術の一つである。この時もすぐに発向したことで、月ヶ瀬《つきがせ》城は退散し、十日には大嶽砦《おおづく》の北に位置する山田山《やまだやま》に本陣を据え、朝倉の援軍と浅井方との通路を遮断した。義景は二万人ほどを動員して浅井氏の来援に来たが、信長軍の布陣を見て、余呉《よご》、木之本《きのもと》、田部山《たべやま》などに陣取りした。浅井氏は、大嶽砦の下の焼尾《やけお》に砦を構築し、浅見《あさみ》対馬守《つしまのかみ》に守備させていたが、この対馬守も阿閉貞征と同心して信長に内応。すでに滅亡直前の末期症状を呈し始めていた。

大嶽砦には朝倉方の武将が定番《じょうばん》していたが、降伏を申し出てきた。本来なら討ち果たすべきだが、信長の戦略が光る。全滅させれば義景本陣に大嶽砦の様子が伝わらないが、助命して義景本陣に敗残兵を送り込めば、退勢に拍車が掛かるという高等戦術だった。また、丁《よう》野山《のやま》砦の定番も降伏し、退散した。こうした自軍の体たらくを見れば義景は撤退する、と信長は予測し、諸将に先手を命じ、追撃するよう厳命していた。しかし、佐久間信盛《のぶもり》、柴田勝《かつ》家《いえ》、羽柴秀吉《はしばひでよし》らは、それほど簡単に撤退はしないだろうと見ていた。信長は痺れを切らして自ら先陣を駆けた（後述）。

義景は越前に向けて退却したが、中野河内口《なかのかわちぐち》と刀根口《とねぐち》の二つの撤退ルートのうち、どのルートで帰国するか、諸将の間で詮議《せんぎ》まちまちだったところ、信長は、義景なら疋田・敦賀《つるが》の味方の城を頼って落ちていくと見抜き、刀根口ルートから追撃させた。予想通り、中野河内口からは身分の低い雑兵《ぞうひょう》を撤退させ、義景をはじめ身分の高い者は敦賀方面（刀根口）から撤退した。追撃戦では敵首三千余を討ち取り、その中には美濃国主だった斎藤龍興《たつおき》も含まれていた。

尾張出身の兼松《かねまつ》又四郎（正吉《まさよし》）が敵首を討ち取り信長の本陣へ持参した。素足で血まみれになっていた姿を見た信長は、日頃から腰に足半《あしなか》（草鞋《わらじ》の踵《かかと》部分がないもの）を付けていたのは、〈この時御用に立てらるるの由（こうした時に役立てるためだった）〉と褒賞し、足半を正吉に下賜した。牛一は知人でもある正吉の働きを〈且《かつう》は冥加《みょうが》の至り、且は面目の次第なり（大きな幸運であり、また名誉なことでもあった）〉と称賛した。

信長軍は義景の本拠一乗谷へ乱入。後年の武田氏の滅亡時と同じような様相を呈した。義景は大野《おおの》郡山田庄《やまだのしょう》六坊をめざして女房衆を連れて落ちたが、柴田勝家や美濃三人衆が猛追した。義景は平泉寺《へいせんじ》にも裏切られ、ついには従兄弟《いとこ》で朝倉家ナンバー2の朝倉景鏡《かげあきら》に自害に追い込まれた。景鏡はこれを手土産《てみやげ》に府中《ふちゅう》龍門寺《りゅうもんじ》の信長の陣へ持参し、助命された。義景の首は京都へ移送され、獄門に懸けられた。義景の息子はいうに及ばず、母親も殺害された。

牛一は景鏡の行為を〈名字の総領といい、親類といい、前代未聞の働きなり（一族の代表でしかも親類でもあったのに、前代未聞の裏切りである）〉と手厳しい。信長は越前を平定し、最初に寝返った前波《まえば》吉継《よしつぐ》（のち桂田《かつらだ》長俊《ながとし》に改名）を守護代に起用し、八月二十六日、北近江の虎御前山《とらごぜやま》まで帰陣した。

浅井氏滅亡

義景を滅ぼした信長は、返す刀で小谷城攻めの最終段階に入った。信長軍が越前へ侵攻しても、浅井軍には追撃する余力は全くなかった。嫡男の信忠《のぶただ》や羽柴秀吉が中心となって小谷城を攻囲し、信長本隊の来援を待っていた。信長が虎御前山に帰陣した翌日、八月二十七日の夜中、秀吉は京極丸《きょうごくまる》へ攻め上り、浅井久政《ひさまさ》と長政との間を遮断した上で、久政を討ち取った。秀吉は久政の首を持参して虎御前山に登って信長の見参に入れた。

翌日、信長は京極丸に入り、最後の攻撃に取り掛かった。〈信長、京極つぶらへ御上がり候て、浅井備前、赤生《あかふ》美作生害させ、浅井父子の頸、京都へ上せ、これまた獄門に懸けさせられ（信長は京極丸へ上って、浅井長政、赤生〔赤尾〕美作守を自害させ、浅井久政・長政父子の首を京都へ運び、獄門に懸けられ）〉た。

『信長公記』では長政の自害した日にちがはっきりしないが、浅井側の記録を見ると、九月一日である。前日の八月二十九日（この年の八月は二十九日まで）、長政は最後の書状を認《したた》めた。最期を悟った長政は片桐孫右衛門尉直貞《なおさだ》（且元《かつもと》の父）に対し、これまでの感謝を綴った。他の家臣は次々と落ちていったが、最後まで付き従ってくれたことを最大級の賛辞で感謝し、翌九月一日自害して果てた。二十九歳だった。片桐直貞は、浅井氏にとっては忠臣中の忠臣であり、後年息子の且元が、長政の息女の淀殿《よどどの》に対して「忠義」を尽くしたのもその因縁故だろう。

〈浅井備前守十歳の嫡男御座候を尋ね出し、関ヶ原というところに磔《はりつけ》に懸けさせられ、年来の御無念を散ぜられ訖《おわんぬ》（浅井長政の十歳になる嫡男がいるのを捜し出し、関ヶ原というところで磔に懸け、これまでの無念を晴らされた）〉。長政の嫡男「万福丸《まんぷくまる》」を捕らえて、関ヶ原で磔に懸けた。この時十歳なので、永禄七年（一五六四）生まれとなる。信長の妹「お市」が嫁ぐ前と思われ、母親はお市ではないのだろう。

翌天正二年（一五七四）の元日、京都やその周辺の家臣が岐阜城の信長に年賀として訪問し、酒宴が催された。信長の残虐性を語るときに、よく取り上げられる逸話である。外様《とざま》である他国衆が退出したあと、馬廻衆だけの内輪の宴会で披露された酒の肴《さかな》が、朝倉義景、浅井久政、同長政の「首《こうべ》」だった。牛一も〈古今承り及ばざる珍奇の御肴（これまで聞いたこともない珍しい趣向）〉と表現している。三人の首を〈薄濃《ハクタミ》〉にして〈公卿《くぎょう》（高貴な人の用いる食膳）〉に据え置き、酒席の肴として盛り上げたという。配下の諸将を慰労する行為だったといわれる。髑髏《どくろ》を盃にして酒を注いで飲んだと解釈されることもあるが、拡大解釈である。また、この儀式については、菩提を弔ったという解釈や海外の事例を持ち出して解説する向きもあるが、それもまたそぐわないだろう。牛一は〈千々万々目出度《めでたき》御存分に任せられ御悦びなり（この上もなく思い通りとなり、お悦びになった）〉と締めくくる。

蘭奢待

蘭奢待御所望

信長は、将軍義昭《よしあき》を追放した翌天正二年（一五七四）の三月二十八日、東大寺正倉院《とうだいじしょうそういん》の名宝「蘭奢待《らんじゃたい》」を切り取った。足利八代将軍義政《よしまさ》が切り取ってから百年以上を経過しており、朝廷にとっても大きな催事であった。

蘭奢待とは、聖武《しょうむ》天皇の時、中国から献上され、東大寺正倉院に納められた香木。三文字の中に「東・大・寺」を含んでいることから、別名「東大寺」とも呼ばれる。日本イエズス会が一六〇三年（補遺の部は一六〇四年）に刊行した『日葡《にっぽ》辞書』にも記載がある。「非常に質の良い伽羅《きゃら》の一種で、古くシナから渡って来て、今日もなお奈良に保存されているもの」（『邦訳日葡辞書』）と説明されているほど著名だった。蘭奢待は「黄熟香《おうじゅくこう》」の通称といわれるが、この名称では立項されていない。

蘭奢待の切り取りについては、かつては天皇を蔑《ないがし》ろにする行為と評されていた。譲位を渋る正親町《おおぎまち》天皇に譲位を迫るための行為と理解されていたが、譲位を望んでいたのは正親町天皇であり、信長と朝廷は基本的には融和関係にあり、蘭奢待の切り取りと譲位とは直接的な関係はない。最近の研究では、世評を気にする信長が、慇懃《いんぎん》な態度で古式に則《のっと》り、敬意を払っていた。信長は切り取りに際し、先例に任せて慎重にことを運ぶなどかなり気を遣って切り取っている姿が浮かび上がってくる（金子拓『織田信長〈天下人〉の実像』）。

〈東山殿《ひがしやまどの》召し置かせられ候以来、将軍家御望みの方々数多これありといえども、ただならぬことに候間、あい叶わず（足利義政殿が切り取って以降、代々の将軍の中で望んだ方もたくさんおられたが、何分特別なことであったため、その望みは叶わなかった）〉という名宝だった。信長は〈仏天《ぶってん》の加護（仏の恩寵《おんちょう》）〉によって召し置くことができ、〈本朝において御名誉、御面目の次第、何事かこれにしかん（わが国においての御名誉、御面目はこれ以上のものはなかった）〉、と結んでいる。『京都御所東山御文庫記録』にも「例なきことにて候」とその異例ぶりが記されている。

蘭奢待切り取りに至るまでの信長の動きを確認してみよう。三月十七日に上洛し、初めて相国寺《しょうこくじ》に寄宿。翌十八日には、従五位下《じゅごいのげ》の位階に叙され、昇殿を勅許されている（異説あり）。信長が望んだのではなく、朝廷側が信長を足利将軍になぞらえて官位秩序の中に取り込もうとしたといわれる。また、このころ、信長が関白となり、次男の北畠具豊《ともとよ》（織田信雄）が将軍になるという噂も流れていた。

この叙爵の流れに連動し、信長は蘭奢待の切り取りを実行に移すことになる。同月二十四日には茶会を開いたりしていたが、〈南都《なんと》東大寺蘭奢待御所望の旨、内裏へ御奏聞《ごそうもん》（朝廷に対し、奈良の東大寺に収納されている蘭奢待の所望を奏上）〉したところ、勅許が下り、すぐさま二十七日に奈良の多聞山城に入った。用心深い信長は、大和への下向に先立ち、大和の国衆である筒井《つつい》順慶《じゅんけい》らの人質を京都に呼び寄せている。不測の事態に備えてのものだろう。

東大寺側では、信長がそれほど急いで下向してくるとは予想しておらず、先例の調査などで、てんやわんやの大騒動となったが、東大寺を挙げて対応したことで事なきを得た。

多聞山城（後述）は、松永久秀《ひさひで》から降伏条件として信長に進上されていたもので、柴田勝《かつ》家《いえ》、明智光秀《みつひで》、細川（長岡《ながおか》）藤孝《ふじたか》らが交代で定番に入っていた。ちなみに、藤孝はこの時期、三条西実枝《さんじょうにしさねき》から古今伝授（『古今和歌集』に関する故実《こじつ》や解釈の秘伝を授けること）を受けていた。また、光秀や藤孝は古都奈良に進駐したことで、寺宝の情報を得て名刀などを鑑賞している。

蘭奢待切り取り

切り取りには、奈良を管轄している塙《はのう》（原田《はらだ》）直政《なおまさ》、側近の菅屋長頼《ながより》、武井夕庵《たけいせきあん》、松井友《まついゆう》閑《かん》のほか、佐久間信盛《のぶもり》、柴田勝家《かついえ》、丹羽長秀《にわながひで》、蜂屋頼隆《はちやよりたか》ら大身の武将、外様では荒木村重《あらきむらしげ》といった重鎮が奉行した。一族（甥）の津田信澄《つだのぶずみ》が名代だったともいう。

多聞山城に入城した信長は、正倉院に直接乗り込むことは世間から傍若無人な振る舞いに映ることを懸念し、翌二十八日、蘭奢待の入っている長櫃《ながびつ》ごと多聞山城に運び込ませ、切り取らせた。〈本法に任せ、一寸八分切り取らせられ、御伴の御馬廻、末代の物語に拝見仕るべきの旨、御諚にて、拝み奉ること、且は御威光、且は御憐愍《ごれんみん》、生前の思い出、忝《かたじけな》き次第、申足らず（先例に倣って一寸八分を切り取られ、お伴をしていた馬廻衆には「末代までの物語として拝見するように」と命じられた。蘭奢待を拝見できたのは、ひとつには信長の御威光であり、また御慈悲でもある。生前の思い出として忝いことは言葉に尽くせないほどだった）〉

『信長公記』には〈一寸八分〉を切り取ったとあるが、実際には一寸四方の二片を切り取り、一片は正親町天皇に、もう一片は信長が拝領したという。また、信長は二寸四方を切り取り、正親町天皇へ献上したのが一寸四方だったという記録もある（『松雲公採集遺編類纂』）。正親町天皇から九条稙通《くじょうたねみち》や勧修寺晴豊《かじゅうじはれとよ》の公家衆、また毛利輝元《てるもと》にも下げ渡されている。

信長も自分の分の三分の一は自ら所持したが、残り三分の二は諸人に分け与えたという。

蘭奢待の切り取りには堺衆も同行していたが、信長は香炉を所持しているという理由から、千宗易《せんのそうえき》（利休《りきゅう》）と津田宗及《そうぎゅう》の二人だけに蘭奢待を下賜した（『津田宗及茶湯日記』）。また、村井貞勝《さだかつ》らの家臣にも分け与えたという。蘭奢待は椿井《つばい》大仏師が鋸《のこぎり》を持参して切り取ったが、当然材木を切った時の木屑《きくず》のような鋸屑《のこぎりくず》も出てくる。それを拝領した者もいた。

『信長公記』には記載されていないが、この時、「紅沈《こうじん》」という香木も運ばせて拝見したが、前例がないため切り取ることはしなかった。むしろ、天下無双の名香「紅沈」の保管についてアドバイスをしたほどである。その後、大仏等を参詣したが、その態度は「一段慇懃なり」と評されている。ただ、一方では「先代未聞の曲事也《くせごとなり》」と評する向きもあった。

信長軍の大和下向は奈良の人々を不安に陥れたが、『多聞院《たもんいん》日記』には、無事に済み「上下安堵しおわんぬ」と書かれている。三千人余りの人数で下向したが、陣取りを禁止し、治安維持に努め、奈良の住民にも配慮した催事だった。

長篠の戦い

鉄砲の数

天正三年（一五七五）五月十三日、徳川家康の要請を受け、武田軍に攻囲されている長篠城の後詰に出馬し、同二十一日、有海原《あるみはら》（設楽原《したらがはら》）で武田軍を撃破し、大勝した。

東国の勢力地図を塗り替える合戦となり、結果的には、この敗戦を契機に武田氏の勢威は大局的には退潮していくことになる。大勝した信長は東国や東北方面への影響力を高め、将軍同等の官位を獲得し、安土山に築城し、新たな展望を拓《ひら》いていくエポックメーキングな合戦となった。

長篠の戦いは日本史上の合戦でもかなり著名な戦いであり、詳しい説明は不要かもしれないが、かいつまんで説明すると、徳川方の長篠城を武田軍が攻囲し、家康はこれを救援しようとしたが、単独では困難なことから信長に援軍を求め、織田・徳川連合軍が長篠城の救援に出陣したことで退勢に立たされた勝頼《かつより》が連合軍に無謀な戦いを挑み、大敗したという流れである。かつては、武田の騎馬隊を織田軍の鉄砲隊が三段撃ちで打ち破り、近世の幕開けともいえる合戦という位置づけを得ていたが、さすがに最近ではこうした説を唱える論者は少なくなっているようである。

合戦に臨んで信長は万全の準備をしており、細川藤孝《ふじたか》に対し、「根切《ねきり》すべく候（根絶やしにする）」（五月十五日付）、「この節、根切、眼前に候」（五月二十日付）と音信し、自信のほどを披歴している（『細川家文書』）。一方の武田勝頼も家臣に対し、合戦前日に「信長・家康後詰のため出張候といえども、さしたる儀なく退陣に及び候、敵手だての術《すべ》を失い、一段逼迫の躰《てい》に候の条、無二にかの陣へ乗り懸け、信長・家康両敵とも、この度本意に達すべき儀案の内に候（信長と家康は長篠城の救援に出陣してきたが、どうすることもできず退却に移っている。連合軍は作戦を立てることもできず非常に困難な状態になっているので、一心不乱に連合軍へ突撃し、信長、家康ともにこの機会に打ち破ることはたやすいだろう）」（東京大学史料編纂所蔵『武田勝頼書状』）と報じている。両者とも自信満々だったが、裏打ちされている戦略眼に差があり過ぎた。

武田の騎馬軍団対信長の鉄砲戦術という通説が見直されつつあるが、織田・徳川連合軍の大勝に変わりはない。信長軍の揃えた鉄砲の数についての議論もあるが、信長自身も正確な数を把握していなかっただろう。『信長公記』の記述は、建勲本は〈鉄炮千挺ばかり〉である。池田本の〈鉄炮三千挺ばかり〉の〈三〉は〈炮〉と〈千〉の文字の間の右横に小さく不器用に書かれており、後世の追筆と思われる。別動軍の五百挺を別にすれば、牛一の情報では鉄砲の数は〈千挺ばかり〉だった。ただ、〈千挺ばかり〉は、約千挺とも解せないこともないが、「たくさんの数の鉄砲」、もしくは単なる概数と捉えていいのかもしれない。

勝頼、敗走

合戦の勝敗についても、武田軍は善戦し、大敗はしていないと見る向きもあるようだが、武田軍は山県昌景《やまがたまさかげ》、馬場信春《ばばのぶはる》ら有力武将が討死していることから、やはり連合軍の大勝だろう。大量の鉄砲の威力もさることながら、陣城を構築して迎撃したことも大きいといわれる。さらに前日には、別動軍を組織して武田方の付城の鳶《とび》の巣《す》(鳶ヶ巣)山砦を攻略したことで、勝頼に残された選択肢は、長篠城の攻略を諦めて甲府《こうふ》に帰陣するか、損害を度外視してでも力攻めで長篠城を奪取するか、もしくは連合軍に正面攻撃を仕掛けるか、という作戦しかなかった。

別動軍と連合軍に挟撃されるかたちになった勝頼は、〈前後より攻められ、御敵も人数を出し候(前後から攻められたため、勝頼も連合軍本陣に向けて出撃した)〉。山県昌景、武田信廉《のぶかど》

（信玄弟）、西上野《こうずけ》の小幡《おばた》勢、武田信豊《のぶとよ》（勝頼従弟）が連続攻撃を仕掛けてきた。〈御敵入れ替え候えども、御人数一首《ひとかしら》も御出しなく、鉄炮ばかりをあい加え、足軽にて会釈《アイシライ》、練り倒され、人数を討たせ引退くなり（武田勢は、有力武将が代わる代わる出撃してきたが、連合軍側は、有力武将を一人も出さずに鉄砲隊だけを出して足軽衆で応戦。武田勢は鉄砲に撃たれて倒れ、多数が討死して退却した）〉。武田方は有力武将が繰り返し突撃してきたが、信長は、有力武将を温存し、足軽衆の鉄砲のみで撃退した。こうした戦法が繰り返され、〈諸卒を討たせ、次第〳〵に無人になって、いずれも武田四郎旗本へ馳《は》せ集まり、敵い難く存知候か、鳳来寺《ほうらいじ》指して噇《ドツ》と敗軍致す（武田勢は兵卒が討たれて徐々に人数が減っていき、残った者は勝頼の旗本に集まり、連合軍には敵わないと思ったのか、鳳来寺へ向けて大勢の者が敗走していった）〉。

連合軍の圧勝となった。信長の印判状には「敵残らず討ち取り候」「いよいよ天下安全の基に候」「即時に切り崩し、数万人討ち果たし候」「近年の鬱憤を散じ候」といった文言が見られる。かなりの誇張もあるが、会心の勝利だった。また、信玄の忘恩への非難も見られ、信玄に裏切られたことがよほど頭にきていたことが窺《うかが》える（前述）。後年、勝頼が和睦を求めても一切受け付けなかったのも頷《うなず》ける。

武田軍は山県昌景、内藤昌秀《ないとうまさひで》、馬場信春、原昌胤《はらまさたね》、真田信綱《さなだのぶつな》・昌輝《まさてる》兄弟（真田昌幸《まさゆき》の兄）

らの有力武将が討死したが、信長軍で名のある武将の討死は伝わっていない。牛一は討死した武将の名前を列挙したあと、〈なかにも馬場美濃守、手前の働き比類なし（とくに馬場信春の戦いは比類ないほど見事だった）〉と特筆している。後年のことになるが、長篠の戦いで討死した山県昌景の子孫が織田家に仕えたという史料がある。また、昌景の孫笹治《ささじ》大膳《たいぜん》（正《まさ》時《とき》）は信長の孫娘（信長の子信貞《のぶさだ》の娘）と婚姻している。奇しき縁というべきか。

〈武田四郎秘蔵の馬、虎口《こぐち》にて乗り損じ候。一段乗り心比類なき駿馬の由候て、信長御厩《おんうまや》に立て置かれ、三州表の儀、仰せ付けられ、五月二十五日、岐阜御帰陣。珍重〳〵（勝頼は秘蔵していた駿馬で退却したが、その馬が乗りつぶされていた。信長は「非常にいい乗り心地の駿馬である」と気に入って自分の愛馬とした。家康に三河国の領国経営を指示し、五月二十五日、岐阜に帰陣した。何ともめでたいことであった）〉と結んでいる。

話は変わるが、信長は吉凶の占いなどは信じなかったといわれる。宣教師の記録によると、信長は「異教一切の占卜《せんぼく》」などを信用せず、いわゆる軍師もいなかったといわれるが、縁起を担ぐということはあった。（天正六年〔一五七八〕五月一日付羽柴秀吉宛書状において、長篠の戦いで勝頼を打ち破った時は、五月十三日に出馬したことに触れて、「吉例」と表現し（『蜂須賀《はちすか》文書写』）、五月十三日に西国攻めに出馬する計画を立てていた。縁起担ぎである（『天下布武』二九号所収の拙稿「余録五題」）。

岩村城を奪還

信長は長篠の勝利で、「この上は、小坂（大坂本願寺）一所のこと、数に足らず候（長篠で武田軍を打ち破ったので、残る敵は大坂本願寺だけだが、大したことはない）」（『細川家文書』）と豪語したが、結果は周知のように、足掛け六年でようやく講和に持ち込む不甲斐なさだった。

長篠の戦いで大敗した武田勝頼は、武田家中の立て直しのために大改革を断行し、ある意味、敗戦したことで家臣団を刷新することが可能となり、復活への第一歩ともいえた。長篠の敗戦以降、勢威を急激に落とし、そのまま滅亡したような印象だが、挽回《ばんかい》の機会はあった。

一方の信長は長篠での大勝後、本国美濃に食い込んでいた武田方の岩村《いわむら》城奪還を信忠に命じていたが、武田方の番兵が入り、攻略は長引いた。勝頼としては岩村城を救援しないと威信にかかわる。勝頼が救援に出陣したという情報が在京している信長のもとに届いた。〈武田四郎、岩村へ後巻として、甲斐、信濃の土民百姓等まで駆り催し、罷り出で、すでに打ち向かうの由（武田勝頼は、岩村城の後詰のため、甲斐・信濃の土民百姓などまで動員して、救援に向かったということである）〉という注進だった。

〈十一月十四日戌刻《いぬのこく》、京都を御立ちなされ、夜を日に継ぎ、十五日に岐阜に至って御下り（十一月十四日午後八時ごろ、京都を出発し、夜通し行軍し、十五日に岐阜城に戻った）〉。信忠単独では心許ないと思ったのか、勝頼の素早い動きを警戒したものか、かなりの強行軍で帰国した。見方によっては慌てふためいていたとも映る。

すでに十一月十日夜には、岩村城に対する織田方の攻撃拠点が敵方から夜討ちされていたが、河尻秀隆《かわじりひでたか》、毛利長秀《ながひで》らが撃退した。籠城兵は夜討ちを仕掛けた部隊と一手になろうと出撃してきたが、これを見た信忠は先駆けして敵勢を城へ追い入れる活躍をした。牛一は〈今度の御働き御高名申すばかりなし（このたびの戦いでの高名は素晴らしいものだった）〉と称賛する。勝頼は救援前に岩村城が落城したことで〈本国へ曲《きょく》なく馬を入れ候（何の成果もなく甲斐国へ帰国した）〉。今回は勝頼が後手に回った。長篠の敗戦で気後れしたという側面もあっただろう。

信長の官位

昇殿

長篠の戦いで武田勝頼《かつより》に大勝し、その年には懸案の越前再征も成功させ、大坂本願寺とも和睦したことで新たな展開に入っていくことになる。越前の一向一揆討伐後、九月二十六日には岐阜に帰城していたが、十月十日、上洛の途に就いた。今回の上洛は、特別な意味があった。

〈天正三年乙亥《きのとい》十一月四日、信長御昇殿ありて、大納言《だいなごん》の御位に任ぜられ、同七日、御拝賀の御礼（天正三年〔一五七五〕十一月四日、信長は昇殿して大納言に任ぜられ、同月七日には拝賀のお礼をした）〉。権大納言に就任し、公卿となった。

信長の通称や官位などについて、少し確認してみよう。

信長は、天文十五年（一五四六）、十三歳で元服して三郎と名乗った（前述）。発給文書で三郎と確認できるのは天文二十一年以降である。その後、〈三郎信長公は上総介信長と自官に任ぜられ候なり（三郎信長公は、上総介信長と自ら名乗った）〉。僭称《せんしょう》である。しかも、わずかの間だが、上総介の前に上総守とも称していた（『氷室和子氏所蔵文書』）。上総国は原則として親王が国司となるので上総守は名乗れない。そのことを知識のある者から注意されたものか、四日後には上総介に「改名」している。官職だが、「通称」でもある。その後、「三《さん》介《すけ》」を名乗る。「三介」については、親王が任国だった上総、上野、常陸《ひたち》の「三介」とも、常陸の代わりに千葉を入れた「三介」という解釈もある。三郎は、嫡男の信忠は名乗っていないが、三介は次男の信雄《のぶかつ》が称した。

その後、尾張守、弾正忠を名乗ったが、正式な任官か不明であるものの、朝廷も認めていたものか、信長のことを弾正忠と表記している。斯波氏の家督相続や副将軍を勧められたこともあったが、辞退した。

公卿の叙任記録『公卿補任《ぶにん》』は、先例を重んじるため、急激に昇進した場合などは後追いで次第の昇進を経たように追記されることがあるが、信長の場合もこうした操作がなされている。確実な記録に見えるものでは、天正二年（一五七四）三月十八日には従五位下の位階に叙され、昇殿を勅許されている（遡及《そきゅう》したとの説もある）。天正三年十一月四日には従三位、権大納言に「正式」に叙位・任官し、同月七日には右大将に任官した。

この年七月には官位昇進の勅諚があったが、辞退。〈七月三日、信長官位を進められ候えの趣き、勅諚御座候といえども、御斟酌《ごしんしゃく》にて御請けこれなし（七月三日、信長に官位を進めようという勅諚があったが、遠慮して受けなかった）〉。代わりに家臣に賜姓、叙任させた。松井友閑《ゆうかん》は宮内卿法印《くないきょうほういん》、武井夕庵《せきあん》は二位法印、明智十兵衛尉光秀《みつひで》は維任日向守《これとうひゅうがのかみ》、簗田《やなだ》左衛門太郎広正《ひろまさ》は別喜右近（大夫）、丹羽五郎左衛門尉長秀《ながひで》は惟住《これずみ》氏、塙《はのう》九郎左衛門尉直政《なおまさ》は原田備中守《びっちゅうのかみ》に、それぞれ賜姓・任官させている。これらは『信長公記』に見えるものだが、かれら以外にも、村井貞勝《さだかつ》は長門守《ながとのかみ》、羽柴秀吉は筑前守《ちくぜんのかみ》に任官したと推測されている。

少し横道にそれるが、信長の家臣の受領名には不思議な現象がある。例えば、滝川一益《かずます》の伊予守、池田恒興《いけだつねおき》の紀伊守、蜂屋頼隆《よりたか》の伯耆守《ほうきのかみ》など、本人が称したという良質な史料は確認されていないものの、他者がかれらを前記の受領名で記した良質な史料がある。『信長公記』の作者である太田牛一も、後年、和泉守を称すが、本能寺の変以前にも、他者から「和泉守」と認識されていた。最近、羽柴秀吉の筑前守について興味深い説が発表されている。筑前守を称したのち、西国攻めで失態を演じたため、藤吉郎《とうきちろう》に戻ったというものである（『織豊期研究』一六号掲載の播磨良紀「羽柴秀吉文書の年次比定について」）。また、良質な史料ではないが、丹羽長秀は惟住氏を賜姓された時、壱岐守《いきのかみ》を名乗るよう命じられたが、「五郎左衛門尉のままでいい」と辞退した話もある。中川重政《なかがわしげまさ》は小郷《しょうごう》氏を名乗ったともいう。今後、良質な史料で信長家臣の受領名の研究が進んでいくことを期待したい。

「義昭越え」を達成

話をもとに戻すと、前回の勅諚があった時には、長篠で武田に大勝したものの、越前の一向一揆が気になって辞退したのかもしれないが、今回は、越前を平定したことで晴れて朝廷の推任に応じたのだろう。

信長は十月初めから木村《きむら》次郎左衛門（高重《たかしげ》）を奉行に任じ、〈洛中洛外の鍛冶《かじ》、番匠《ばんしょう》、杣《そま》を召し寄せ（都の内外から、鍛冶職人、大工、樵《きこり》を呼び寄せ）〉禁中に陣座《じんのざ》を建立した。永禄十二年（一五六九）六月、将軍足利義昭《よしあき》が権大納言に任官した時には陣座は仮設だったが、信長は、右大将任官時には「本式」（『兼見《かねみ》卿記』（吉田《よしだ》兼見の日記））に申し付けた。源頼朝《みなもとのよりとも》も任官した右大将に大きな意味を持たせたのかもしれない。

この時、将軍義昭は紀伊に逼塞していたが、「現職」の将軍には違いない。信長の力をもってすれば、解官《げかん》させることもできたと思うが、そうした徴証は確認できない。将軍義昭（従三位、権大納言）と同等の官位になれば、それで良しとしたのだろう。牛一は〈御名誉の次第なり（御名誉なことだった）〉と評す。

後世のわれわれはのちの秀吉が関白、太政大臣になったことを知っているため、信長の権大納言、右大将の任官をそれほどの出世とは認識しづらいが、尾張守護斯波氏の家臣である守護代織田大和守家の三奉行の一家（弾正忠家）にしか過ぎなかった信長が将軍と同等の官位に就くことは〈前代未聞〉だった。

翌年には正三位、内大臣と「義昭越え」を達成し、その後も次第の昇進を遂げ、正二位、右大臣となっていたが、天正六年（一五七八）四月、突如として右大臣兼右大将を辞した。この辞官の理由については諸説あり、いまだに定説をみない。もちろん、『信長公記』にも辞官の記事はない。表向きの理由は、全国を平定していないので、まずは右大臣・右大将を辞し、全国を平定すれば改めて任官するというものである。「正二位の位階は保持した」とされているが、信長は辞した（『総見寺文書』）つもりだったようである。

その後、朝廷は実力者の信長の無官が続いたことから、再度、官位体系のもとに取り込むべく天正九年（一五八一）には左大臣を推任したが、信長は婉曲《えんきょく》に辞退した。翌十年には武田氏を滅ぼしたことで、改めて、三職《さんしき》（太政大臣、関白、将軍）を推任したが、これまた辞退したようである。信長が朝廷に威圧を加えて要請させたという見方もあったが、信長にはそのような必要もなく、復官を望んだのは朝廷側である。

なお、本能寺の変後、信長には従一位、太政大臣が追贈されている。

第三章　安土時代

安土城

安土城の歴史

天正四年（一五七六）正月中旬から、近江国蒲生郡《がもう》の安土山に天主を備えた城郭の築城を開始した。安土城は、外敵から「守る城」ではなく、為政者としての権威を象徴する「見せる城」でもあった。天主は五層七階。狩野永徳《かのうえいとく》など当時の大芸術家・職人の粋を集めた絢爛《けんらん》豪華な城郭として築城された。天主で生活したのは信長ただ一人といわれる。なお、一般的に用いられる「天守」の表記ではなく、安土城のみ「天主」と表記されるという説があるが、とくに意味はないだろう。

安土城着工の翌天正五年（一五七七）には天皇の行幸《ぎょうこう》を計画したことがあるが、諸事多難となり行幸どころではなくなり、沙汰止みとなった。山科言継《やましなときつぐ》の息女の手紙に記されており、信憑性は高いが、行幸自体は現実的ではなかったと思われる。

天主の完成した時期は不明だが、天正七年（一五七九）正月、重臣の村井貞勝《むらいさだかつ》と林秀貞《はやしひでさだ》に天主を見せている（『安土日記』）ので、このころに完成したのだろう。同年五月十一日、〈吉日について信長御天主へ御移徙《おんわたまし》（吉日について信長は天主へ移られた）〉。四か月後に移徙《いし》したのは、「吉日」まで日を選んでいたのだろうか。〈吉日〉の内容は不明だが、宣教師の記録から信長の誕生日を五月十一日と推測し、誕生日に移徙したとする説もある。『信長公記』には他にも〈吉日〉の表記があり、誕生日ではなく、単に陰陽師《おんみょうじ》に日取りを選ばせただけかもしれない。安土城全体は、天正九年九月八日に普請《ふしん》奉行の木村《きむら》次郎左衛門（高重《たかしげ》）や狩野永徳らに小袖を下賜していることから、このころに細部も含めて完成したと推測されている。宣教師の記録には天正八年に「いっさいの工事を終了」と書かれているので、天正八年には完成していたのかもしれない。

【安土城の略年表】

天正四年正月中旬	安土城の普請開始
二月二十三日	信長、安土へ移徙
四月一日	石垣工事開始、天主造営を指示
五月五日	急遽、本願寺攻めに〈安土普請衆〉を動員
七月一日	安土普請を再開

十一月ごろ　翌年に行幸を計画（『言経卿記』紙背文書）
十二月二日　作事に忙殺され勧修寺《かじゅうじ》晴豊《はれとよ》らの対面を断る（『中山家記』）

安土城

天正五年六月　安土山下町中に掟書《おきてが》きを定める（『近江八幡市所蔵文書』）
八月二十四日　〈柱立《はしらだて》（建築に際して初めて柱を立てる）〉（『安土日記』）
十一月三日　〈屋上葺合《おくしょうふきあわせ》（屋根の上を連結）〉（『安土日記』）
天主に「五層の屋根」（『十六・七世紀イエズス会日本報告集』）
天正六年正月一日　諸将、安土へ年賀に伺候。〈御殿御座所〉を披露
同月十二日　津田宗及《つだそうぎゅう》、「てんしゅをはじめ方々拝見」（『宗及他会記』）
五月　天主倒壊の伝聞（『私之日記』）
天正七年正月十一日　津田宗及、信長の案内で「御殿守」を拝見（『宗及他会記』）
同月二十五日　村井貞勝、林秀貞に七重の〈御殿主〉を見せる（『安土日記』）
五月十一日　〈御殿主〉へ移徙（『安土日記』）
天正八年六月　「安土山の城を完成」（『十六・七世紀イエズス会日本報告集』）
天正九年九月八日　諸職人を褒賞、作事も完了し、安土城完成か

天正十年正月一日　諸将、安土へ出仕
五月十五〜二十日　徳川家康、穴山梅雪《あなやまばいせつ》一行を接待
六月十四・十五日ごろ　天主炎上
天正十三年　羽柴《はしば》（豊臣）秀次《ひでつぐ》の八幡山《はちまんやま》城築城により廃城

安土城築城

〈正月中旬より江州安土山御普請、惟住《これずみ》五郎左衛門に仰せつけらる（中略）御馬廻御山下《おんさんげ》に各《おのおの》御屋敷下され、面々手前〳〵の普請申し付らる（天正四年〔一五七六〕正月中旬から近江の安土山で普請を開始するよう丹羽長秀《にわながひで》に命じた〔中略〕馬廻衆には安土山下に屋敷地を与え、各自でそれぞれ普請するように命じられた）〉

近世城郭（礎石建物、瓦葺、高石垣《たかいしがき》）の嚆矢《こうし》ともいわれる安土城の大工事が始まった。石垣づくりの天主の建造を命じ、尾張・美濃・近江・伊勢・三河・越前・若狭のほか畿内の諸侍も動員し、京都、奈良、堺からは諸職人を召し寄せるという未曽有《みぞう》の大工事となった。織田信澄《のぶずみ》（信長の甥）は蛇石《じゃいし》という名石を安土山麓まで運んできたが、あまりに巨大なために天主まで上らなくなったため〈羽柴筑前・滝川《たきがわ》左近・惟住五郎左衛門三人合力候て一万余の人数をもって夜日三日に上せられ候。信長公御巧みをもってたやすく御天主へ上させられ、昼

夜山も谷も動くばかりに候き（羽柴秀吉、滝川一益《かずます》、丹羽長秀の三人が協力して一万余の人数を動員し、昼夜三日をかけて引き上げた。信長公の工夫によってたやすく天主へ上げることができ、昼夜、山も谷も動いているほどの作業となった）〉。

安土城天主（五層七階、地下一階から地上六階）については〈石蔵の高さ十二間《けん》余なり。一重、石蔵のうちを土蔵に御用い、これより七重なり（石垣の高さは十二間余である。地下一階は、石垣の内を土蔵に用い、これより上は地上六階まである）〉と書き始め、地上六階まで詳しく内部を記述している。最上階は〈三間四方《よほう》、御座敷の内、皆金なり。外側これまた金なり（中略）御座敷の内には三皇・五帝・孔門十哲《こうもんじってつ》・商山四皓《しょうざんしこう》・七賢等を描かせられ（三間四方の広さで、座敷の内側はすべて金である。外側もまた金である〔中略〕座敷の内には、中国古代の伝説上の三人の聖なる帝王、中国古代の聖君五人、孔子の門人中、学徳の優れた十人の高弟、中国秦末漢初の乱を避けて商山に隠れた四人の隠士、竹林の七賢等を描かせられ）〉と天主内部の絢爛豪華なさまを描写したあと、安土城の周辺の景観にも触れ、絶賛している。

『信長公記』の記述は、安土城天主の再現に利用されているが、伝本間で異同もあり、伝本の史料的な特徴を把握しないで再現に利用しても有益ではないだろう。もっとも、文献史料だけでは限界があり、復元は想像の域を出ないのが現状である。信長は、当時日本を訪れていた日本巡察師のバリニャーノに安土城を描いた屏風を贈ったが、これが発見されれば、外観を再現する有力な資料となるが、いまだに発見には至っていない。

天正十年（一五八二）正月一日、〈隣国の大名・小名、御連枝《ごれんし》の御衆、各《おのおの》在安土候て、御出仕候なり（安土の近隣の大名や小名、御一門の方々が安土に来て挨拶された）〉。挨拶の順番は、まず一門衆、次いで他国衆、最後は安土城下に詰めている直臣衆。一門衆では、嫡男の信忠《のぶただ》、次男の信雄《のぶかつ》、弟の長益《ながます》（有楽斎）・信包《のぶかぬ》のみが固有名詞で記述されているが、そのほかは〈御一門歴々なり（一門衆の主だった方々である）〉と省略されている。断片的ながらこの時の出仕ルートが記されており、安土城復元の史料として利用されている。

天皇行幸時のために設《しつら》えた〈御幸の御間（天皇を迎える御座敷）〉も拝見させた。〈殿中悉《ことごと》く総金なり（御殿はすべて金である）〉とし、装飾なども含めて詳しく記しており、牛一も実見したのだろう。〈まことに生前《しょうぜん》の思い出なり〉とその感激ぶりを記している。行幸の間を家臣に見せていることから判断すると、すでに行幸計画はなくなっていたと思われる。

礼銭については、身分の上下にかかわらず、一律百文（十疋《ひき》）を持参するように指示があった。この百文については、安土城を見学させたことから、日本初の入場料という面白い見方をする説もある。信長は、厩の入り口に立って〈十疋ずつの御礼銭、忝《かたじけな》くも信長直に御手に取らせせられ、御後ろへ投げさせせられ、他国衆、金銀・唐物、さまざまの珍奇を尽くし上覧に備えられ、夥しき様躰《ようだい》申足らず（各自が持参した礼銭十疋を、忝くも信長自らが受け取っては後ろへ投げられた。他国衆は金銀、唐物など珍しいものを献上し、その数はものすごいものだった)〉と結んでいる。

天主異聞

他方、天主について興味深い話が伝わっている(井上宗和《いのうえむねかず》「銅の城」)。詳しく触れる余裕はないが、ごく簡略に説明すると次のような内容である。安土城築城の大工棟梁《とうりょう》だった岡《おか》部《べ》又右衛門(此言《これとき》)の子孫の方(岡部又右衛門此之氏)が家蔵していた『安土御城御普請覚え書』などの古文書が名古屋空襲で焼失したため、此之氏が記憶を頼りに思い出すまま綴ったノートを、懇意だった井上氏が入手し、それを紹介したものである。

岡部氏のノートによると、信長はフロイスからヨーロッパの城の話を聞き、とくに城の木造部分を銅で覆っていることに興味を持った。築城開始後の天正四年(一五七六)三月、信長は金細工師の後藤《ごとう》平四郎を呼び寄せ、天主金具の担当を命じた。単なる金具ではなく、天主の木造部分を銅板で覆う工夫をするよう命じた。銅板の使用には、防火、補強、装飾の目的があったという。信長の命を受けた平四郎の行動は物語性を帯びたものとなる。平四郎は苦労して銅板を調達してきたが、瓦焼き担当の「一観」が、銅の重量で石垣が持たないと意見を出した。これを聞いた信長は不機嫌となったが、担当者が工夫して銅板を薄くすることに成功し、それで天主の木造部分を覆ったという。興味深い内容だが、真偽のほどは不明である。

もう一話。以前、筆者は天正六年（一五七八）五月に安土城の天主が倒壊した可能性があると指摘したことがある（『歴史読本』二〇〇七年十一月掲載の拙稿「安土城〝初代〟天主は倒壊していた！」）。簡略に記すと、編纂記録『松雲公採集遺編類纂』所収の『私之日記』（天正二年から同十年の日記）の天正六年五月の条に、奈良での大雨による被害や近江三井寺《みいでら》の大山が崩れて堂塔坊舎が破却した記事に続き、「アッチ之城天主タヲレ畢、人民死畢（安土城の天主が倒れ、人民が死んだ）」という史料を取り上げたものである。この直後と思われる滝川一益の書状には「天主道具急がせたく候」という文言があり、再建のための準備と推測することも可能かもしれない。

『宗及他会記』などによると、天主は天正五年（一五七七）末には完成していたと思われる。正式な移徙は前述のように天正七年五月だが、完成後、一年半近くも経過しており、不自然である。安土城の天主が倒壊したとすれば他の記録にも記載されているはずだというのが大方の見方だろう。しかし、日記類で記載される可能性のある史料としては、『兼見卿記』『多聞院日記』があるが、『兼見卿記』の記主吉田兼見は、この時期、未曽有の大洪水を受けたためか、日記は飛び飛びにしか記していない。『多聞院日記』の記主の多聞院英俊は他行していた気配があり、伝聞自体を聞いていないのかもしれない。また、すべての人が安土城に関心を持っていたわけではなく、実見した者でも関心度合いに温度差があり、倒壊の情報を得ても、ことさらに書き留めなかった可能性もある。

翌天正七年（一五七九）五月二十七日に「安土宗論《しゅうろん》」（浄土宗と日蓮宗の間の法論）が行われたが、この時期に安土城下に僧侶が集まっていたのは、前年五月に多数の人民が死去したことから、その一周忌のために参集していたのかもしれない。天主がそれほどたやすく倒壊するのかという疑問があるが、ルイス・フロイスの書簡によると「信長が造らせていた大きな壁の一部が落ちた」ということもあったらしい。いずれにしても天主倒壊も真偽のほどは不明である。

松永久秀の謀反

多聞山城進上で助命

松永久秀《まつながひさひで》は、「叛服《はんぷく》常なし」という形容で語られることが多く、戦国三大梟雄《きょうゆう》の一人とも評される。信長同様にその人物像はかなり誤解されて伝わっているようだが、近年、三好《みよし》氏研究の進展に伴ってその家臣であった久秀についての研究も深化しつつある。『信長公記』には十か所以上登場する。

永禄十一年（一五六八）九月、信長は足利義昭《あしかがよしあき》を奉じて上洛し、それまで畿内を牛耳っていた三好軍を掃討したが、本陣とした芥川《あくたがわ》城（芥川山城）には、〈異国本朝の珍物を捧《ささ》げ（異国や日本の珍しいものを持参し）〉て信長にお礼に来る客で〈門前、市をなす（非常な賑《にぎ》わい）〉ありさまとなった。堺の茶人今井《いまい》宗久《そうきゅう》は名物〈松嶋《まつしま》の壺《つぼ》〉と、武野《たけの》紹鷗《じょうおう》が所持していた〈紹鷗茄子《なす》〉を献上。上洛以前から誼を通じていた久秀は〈我朝無双の九十九髪《つくもがみ》（日本に二つとない茶入れである、つくも茄子)〉を献上し、信長の歓心を買った。義昭からすれば、兄義輝《よしてる》を弑逆した首謀者の一人だったが、生命を保証してもらった(『円満院《えんまんいん》文書』)という「恩義」があったものか、処断されることもなく、「大和切取次第」の許可を得ている。

永禄十三年(元亀元年＝一五七〇)四月の越前攻めでは久秀も従軍し、浅井《あざい》氏の裏切りで織田軍が急遽撤退した時には、信長の逃避行を久秀が助けたともいわれる。しかし、三好家督の三好義継《よしつぐ》と同調し、反信長の動きを見せ始める。元亀三年には畠山《はたけやま》氏与党の交野《かたの》城の攻略に失敗し、久秀は信貴山《しぎさん》城に、嫡男久通《ひさみち》は多聞山城に籠城し、武田信玄《たけだしんげん》とも結ぶ。浅井・朝倉《あさくら》、武田、本願寺、将軍義昭とともに反信長陣営に加わったが、信玄が急死し、義昭が追放され、三好義継も自害に追い込まれると、なす術《すべ》もなく信長に降伏した。信長から「面憎き」と揶揄されたものの、多聞山城を差し出すことなどで助命された。

その後、久秀・久通父子は佐久間信盛《さくまのぶもり》の与力として大坂本願寺攻めに参陣していたが、天正五年(一五七七)八月十七日、突如として本願寺の攻囲を解いて信貴山城に籠城した。この直前、信長は北陸で上杉謙信《うえすぎけんしん》が南下を開始したため柴田勝家《しばたかついえ》を大将とした北陸遠征軍を派遣しており、畿内が手薄になった隙を衝いての謀反だった。

信貴山城攻め

〈何篇《いずれへん》の子細候哉《や》、存分申し上げ候わば望みを仰せ付けらるべきの趣き、宮内卿法印をもって御尋ねなされ候えども、逆心を差し挟み候の間、罷《まか》り出でず（どのような理由で謀反するのか、不満を言えばその望みを叶えよう、と堺政所《まんどころ》の松井友閑《まついゆうかん》をして尋ねさせたが、謀反を企てていたため、出仕してこなかった）〉。信長には謀反した理由がわからず、正当な理由があれば望みを叶える、と交渉させたが、申し開きには出てこなかった。まさか信長も久秀を騙《だま》し討ちにするつもりはなかっただろうが、久秀としても信用できなかっただろう。また、久秀は今度で二度目の離反であり、許容されるとも思わなかっただろう。

謀反の要因ははっきりしないが、この直前には、信長の命により精魂を傾けて築城した多聞山城が解体されており、これを謀反の要因と見る説もある。また、信長のもとではこれ以上の勢力拡大が望めなかったことも要因の一つだったかもしれない。天正三年（一五七五）に三好康長《やすなが》が信長に帰服し、その後、久秀以上に重用されたのが面白くなかったのではないだろうか。旧三好勢の代表格でもあった久秀だが、その地位は康長に奪われたかたちになった。大和国の統治から除外され、この時には仇敵の筒井順慶《つついじゅんけい》が大和国を代表する武将の地位に就いていた。こうした状況のなか、信長が北陸に出馬して上杉勢と膠着《こうちゃく》状態に陥れば、その隙を狙って籠城戦を展開し、本願寺や毛利《もうり》氏とも結ぶことで、十分勝算はあると踏んだのだろうか。牛一自筆の『大かうさまくんきのうち』には、大坂本願寺と一味したと記されている。久秀の出自には諸説あるが、本願寺に仕えていたという異説もある。

久秀を翻意させることができないと悟った信長は、人質の処刑を命じた。〈松永出し置き候人質、京都にて御成敗成さるべきの由候（久秀が出していた人質を京都で処刑するように命令が出された）〉。京都所司代の村井貞勝《さだかつ》は朝廷に頼って人質を助命する方策を練ったが叶わず、人質は処刑された。処刑された子供を久秀の子供と解釈されることもあるが、久秀の嫡男久通の子供であり、久秀の孫である。兄弟で人質となり、近江の佐久間家勝《いえかつ》のところで人質生活をしていた。人質といっても窮屈な生活ではなかったようで、かれら兄弟は家勝に世話になった礼状を認めたほどである。なお、『兼見卿記』には、処刑された一人は松永孫六の子供とも記されている。

信貴山城攻めは、嫡男信忠《のぶただ》が総大将となって出陣。明智光秀《あけちみつひで》、細川藤孝《ほそかわふじたか》、それに北陸陣から無断帰陣して叱責されていた羽柴秀吉も参陣し、名誉回復の機会を狙っていた。

信貴山城攻めの前哨戦となった片岡《かたおか》城攻めでは明智光秀が大将となって攻囲した。〈十月一日、片岡の城へ取り掛け攻められ候（十月一日、片岡城へ攻撃を開始した）〉。片岡城攻めは十月一日から開始されたように読めるが、『松雲公採集遺編類纂』所収史料によると、九月二十八日から攻撃を開始しており、十月一日に総攻めして落城させたということだろう。牛一は、片岡城主を〈森《もり》（ノ）ゑびな（森海老名）〉という一人の人物（活字本では、〈森・ゑびな〉と中点を補って二人のように翻刻してある箇所もあるが、自筆本を確認しても一人物のような書き方である）と理解していたようだが、森某と海老名某の二人である。海老名某については、前記史料によると、海老名石見守《いわみのかみ》（永秀《ながひで》）とわかるが、森某については、軍記物や地誌類には森正友《まさとも》、同正次《まさつぐ》、同秀光《ひでみつ》らが確認できるが、はっきりしない。大坂本願寺から派遣された森尭信《ぎょうしん》や同祐心《ゆうしん》の可能性もあるが、一次史料で確認できる久秀家臣の森左馬進かもしれない。

片岡城攻めでは、細川藤孝の嫡男与一郎（忠興《ただおき》）と弟の頓五郎（興元《おきもと》）兄弟が目覚ましい働きをした。〈両人の働き比類なきの旨、御感《ぎょかん》なされ、忝《かたじけな》くも信長公、御感状成し下され、後代の面目なり（忠興・興元兄弟の働きは比類のないものであると満足され、ありがたくも信長公自らがご感状を認めて下賜され、のちのちまでの名誉となった）〉。信長は忠興の武功に対し、自筆の感状を下した。側近の堀秀政《ほりひでまさ》が自筆である旨の副状《そえじょう》を出しており、確実な自筆であることがわかる唯一のものである。

本城である信貴山城攻略は、結果的にはじつに呆気なかった。久秀は周到な籠城準備を進めていたと思われるが、織田軍の大軍の前になす術《すべ》がなかったような印象である。一説には、織田軍が本願寺からの援軍と偽って城内に乱入したことで大勢が決したともいう。〈十月十日の晩に、秋田城介《あきたじょうのすけ》信忠、佐久間・羽柴・維任《これとう》・惟住諸口仰せ付けられ、信貴の城へ攻め上られ、夜攻めにさせられ、防ぎ戦い、弓折れ、矢尽き、松永天主に火を懸け焼死候（中略）高山さかしきところを、たやすく城介信忠、鹿の角の御立物《おんたてもの》振り上げ〳〵攻めさせられ、日頃案者《あんじゃ》と聞こえし松永、詮《せん》無《な》き企てして己《オノ》れと猛火の中に入り、部類・眷属《けんぞく》一度に焼死に候（十月十日の晩、織田信忠は、佐久間信盛、羽柴秀吉、明智光秀、丹羽長秀に攻め口を指示し、信貴山城へ夜攻めさせた。籠城側は防戦したが、弓折れ、矢尽き、久秀は天主に放火して焼け死んだ〔中略〕信貴山は険しい高山だったが、信忠は物ともせずに鹿の角の立物を振り上げて攻められた。常日頃は周到な人といわれている久秀だったが、無益な謀反をして自ら猛火の中に入り、家族や一族も一緒に焼け死んでしまった）〉

十年前の永禄十年（一五六七）十月十日、三好三人衆（三好長逸《ながやす》・同宗渭《そうい》・石成友通《いわなりともみち》）と松永久秀が対峙した時の失火で東大寺の大仏殿が焼失したが、信貴山城の落城が同月同日だったことから春日《かすが》明神の所為《しょい》と畏《おそ》れられた。信忠が鹿の角の立物で攻めたため〈偏《ひとえ》に春日明神の所為なりと諸人舌を巻くこと（全く春日明神の仕業である、と諸人は恐れた）〉と締めくくられている。ちなみに、『大かうさまくんきのうち』には、秘蔵の平蜘蛛《ひらぐも》の釜を打ち砕いたことが記されている。

『信長公記』の誤り

『信長公記』は他の軍記物に比してその史料的価値は高いが、編纂物という二次史料に変わりはない。伝本間での異同もあれば、明らかな誤りも含まれている。しかし、『信長公記』にしかその記述がなく、他の史料で裏付けできない記述もある。その場合、その記述をどのように判断するのかは、非常に難しい。ここに挙げる久秀の事例は、他の史料によって、『信長公記』の記述が誤りであるというのがわかる比較的珍しいケースである。すでに先行研究でも指摘されている。

〈去年冬、松永右衛門佐御赦免について、多門の城あい渡し候。すなわち、山岡《やまおか》対馬守、定番として多門に置かせられ、正月八日、松永弾正、濃州岐阜へ罷り下り天下無双の名物、不《ふ》動国行《どうくにゆき》進上候て、御礼申し上げられ、以前も世に隠れなき薬研藤四郎《ヤゲンとうしろう》進上なり（去年の冬、謀反した松永久通を赦免した代わりに多聞山城を進上させ、すぐさま山岡景佐《かげすけ》を定番として多聞山城に留守居させた。正月八日、松永久秀は、岐阜へ下向し、天下に二つとない名刀の不動国行を進上して信長にお礼を述べた。久秀は以前にも有名な名刀の薬研藤四郎を進上していた）〉

巻六（天正元年）の冒頭に記された記事である。去年冬というのは元亀三年（一五七二）の冬になる。この記事を鵜呑みにすると、元亀三年冬、信長は敵対した松永久通を多聞山城の進上と引き換えに赦免し、多聞山城には近江勢多《せた》の山岡景佐が定番として入城し、父の松永久秀は赦免のお礼として岐阜へ下向し、天下の名刀不動国行を進上、久秀は以前にも薬研藤四郎を進上したことがあった、という内容になる。

しかし、実際には、年次が一年ずれている。すなわち、天正元年（元亀四年＝一五七三）の冬、頼みの武田信玄が病死（四月）し、将軍義昭も追放（七月）され、孤立無援となった久秀は、全面降伏し、その代償として丹精込めて築城した多聞山城を信長に差し出した。年次のずれは、興福寺大乗院《だいじょういん》門跡尋憲《じんけん》の『尋憲記』などで確認できる。天正二年正月朔日《さくじつ》付の記事に「多聞山城、旧冬十二月二十六日、信長方へ相渡し」とあり、旧冬、すなわち天正元年十二月二十六日に多聞山城を信長に引き渡しており、一年ずれていることがわかる。この他にも『信長公記』には年次のずれている記事がある可能性もあり、注意を要する。

羽柴秀吉の西国攻め

西国出陣

天正五年（一五七七）十月、松永久秀《ひさひで》を信貴山城に滅ぼした信長は、羽柴秀吉を西国攻めの大将に抜擢《ばってき》し、以降、秀吉の西国での活躍が始まる。この直前、秀吉は柴田勝家《かついえ》を大将とした北陸遠征軍に従軍していたが、〈御届けをも申し上げず帰陣仕り候段、曲事《くせごと》の由、御逆鱗《げきりん》なされ、迷惑申され候（無断で帰陣したことを咎《とが》められて信長の逆鱗に触れ、秀吉は追い詰められた状況となった）〉。軍令違反の理由についてははっきりしない。勝家と作戦をめぐって衝突したといわれるが、良質な史料では確認できない。秀吉はすぐに赦免されており、秀吉にそれほどの非はなかったようである。北陸陣から無断帰国したため、これまで以上に死に物狂いになって八面六臂《はちめんろっぴ》の活躍をすることになる。

秀吉は、十月二十三日、播磨に向けて出陣した。この月十日に落城した信貴山城攻めにも参陣していたので、帰陣後十日余りで出陣したことになる。事前に黒田孝高《くろだよしたか》（官兵衛《かんべえ》。当時は小寺《こでら》姓）と頻繁に連絡を取り、播磨の国人衆への根回しも進めていた。孝高とは誓紙を交換し、兄弟同然の親密さになっていた。北陸出陣前から事前交渉していたこともあり、北陸陣から早く帰国して西国攻めに専念したかったという見方もあるが、無断帰陣するのはあまりにもリスクが高く、別の理由だろう。〈播磨国中、夜を日に継いで駆け回り、悉《ことごと》く人質取り固め（播磨国中を昼夜兼行で駆け回り、国人衆からことごとく人質を徴集す）〉る活躍をした。〈霜月《しもつき》十日頃には播磨表隙明《ひまあ》き申すべきの旨、注進申し上げられ候（十一月十日ごろには播磨方面のことはひと段落させることができる旨を報告した）〉ところ、信長は、秀吉の活躍に満足し、〈早々帰国仕るべきの趣き（早々に帰国するようにという内容）〉を朱印状をもって伝えた。これを読んだ秀吉の行動が、秀吉らしいというか、他の者にはなかなか真似《まね》のできない行動だった。〈然りといえども、今の分にてもさしたる働きこれなし、と羽柴筑前守秀吉存《ぞん》知《ぜ》られ、直ぐに但馬国《たじまのくに》へあい働（しかし、これくらいの働きではたいしたことはない、と秀吉は思い、すぐに但馬国へ侵攻）〉いた。信長も「可愛げのある奴」と頰《ほお》を緩めただろう。秀吉は岩洲《いわす》城を攻め落とし、但馬四人衆の一人太田垣《おおたがき》氏が籠城する竹田《たけだ》城を攻略し、城代には実弟の小一郎長秀《こいちろうながひで》（秀長）を入れ置いた。

十一月二十七日には、上月《こうづき》城攻めに取り掛かった。周辺を放火しつつ、支城ともいえる福《ふく》原《はら》城の攻略に向けて黒田孝高、竹中重治《たけなかしげはる》を先行させ、城下で一戦を交えた。宇喜多直家《うきたなおいえ》軍が援軍に駆け付けたが、秀吉自らが救援し、撃退。翌二十八日から上月城を包囲し、水の手を断ち、七日目には城兵が城主の首を差し出し、助命を嘆願してきた。秀吉は上月城主の首を安土へ送る一方、今後の見せしめとして残党を引き出し、播磨、備前、美作の境目で磔に懸け、織田軍へ敵対することの恐ろしさを示した。

秀吉自身の書状には、女子供二百余人のうち、子供は串刺しにし、女性は磔に懸けて見せしめとした、と得意気に認《したた》めている。上月城には尼子《あまご》復興をめざす尼子勝久《かつひさ》、山中鹿介《やまなかしかのすけ》主従らを入れ置き、十二月五日、龍野《たつの》まで帰陣。信長は十二月十日、三河吉良へ鷹狩に出掛けたが、留守中に秀吉が安土に伺候する予定だったことから、秀吉の但馬・播磨の平定の褒美として乙御前《おとごぜ》の釜を下賜するよう事前に用意した上で三河へ出発した。秀吉の感激知るべし。その後、毛利氏との全面戦争に突入していくことになる。

播州三木城を攻略

秀吉の西国攻めは幸先《さいさき》よかったが、播磨三木《みき》城の別所《べっしょ》氏が毛利氏に寝返り、さらに摂津の支配を任されていた荒木村重《あらきむらしげ》も謀反し、秀吉は東西から挟撃される窮地に陥った。信長からの援軍もあり、三木城の支城を攻略しつつ、二年近い歳月を費やし、天正八年（一五八〇）

正月、ようやく三木城を攻略することに成功した。

〈両三人腹を切るべく候間、そのほか諸卒あい助けられ候様に（責任者であるわれわれ三人が自害するので、そのほかの諸卒は助命して欲しいと）〉使者をもって秀吉に嘆願した。両三人とは、城主の別所長治《ながはる》、弟の友之《ともゆき》、叔父の吉親《よしちか》である。この三人が正月十五日付で秀吉方に誓書を提出。『信長公記』にも写されている。これを聞いた秀吉は感嘆し、諸士を助命すると回答した。

三人の切腹が決定していたが、直前に一波乱あった。吉親は自害すれば首を安土に運ばれて梟首されるため、城内に放火して骸骨を隠そうとした。そんなことをされては、せっかく助命されるはずの城兵は堪《たま》ったものではない。寄って集《たか》って吉親を殺害した。こうした事件はあったが、予定通り天正八年（一五八〇）正月十七日、別所長治・友之兄弟は見事に切腹して果てた。長治は〈三歳の孩子《ミトリコ》、膝《ヒサ》の上に置き、涕《ナミダ》を押して刺し殺し、また、女房引き寄せ同じ枕に害しけり（三歳の幼児を膝の上に置き、涙を堪《こら》えて刺殺し、また女房も引き寄せて同じところで殺した）〉。弟の友之も同様に女房を刺殺。兄弟二人は広縁《ひろえん》に出て、籠城兵に対し〈前代未聞の働き、芳恩申し足らず。しかしながら、われらあい果て、諸士をあい助け、身の悦びこれに過ぐべからず（前代未聞の忠義は言葉では言い表せないほどである。しかし、われわれが自害することで諸士を助けることができるのは、これ以上にない喜びである）〉と謝し、自害した。

〈別所三人の頸《くび》、安土へ進上。御敵を成すもの、悉く御存分に属《しょく》し、御威光中々挙げて数うべからず。しかしながら、羽柴筑前、一身の覚悟をもって大敵をかくのごとく退治なされ候のこと、武勇といい、調略といい、弓矢の面目これに過ぐべからず（別所氏の三人の首を安土へ進上。信長に敵対した者は滅び、すべて信長の思い通りになる。信長の御威光はいちいち数えきれないほどである。しかしながら、羽柴秀吉が一人で決意して大敵をこのように退治されたのは、その武勇、調略ともに、武士としてこれほどの名誉はない）〉と秀吉の武勇を絶賛する。

別所氏を降《くだ》したことで西国攻めへの展望が開けることになった。秀吉自身が「三木の干殺し」と自賛した武功だが、宣伝上手の秀吉らしい。たしかに秀吉が中心となって三木城を落城させたが、二年近い籠城戦の間には、信長嫡男の信忠《のぶただ》率いる織田軍の援軍もあり、決して秀吉一人の武功とはいえないだろう。そもそもの発端は、秀吉の外交的な不手際が要因でもあった。

鳥取城の飢《かつやか》し殺し

〈今度、因幡国鳥取《とっとり》一郡の男女、悉く城中へ逃げ入り楯籠り候。下々百姓以下、長陣の覚悟なく候の間、即時に餓死に及ぶ（このたび、因幡国鳥取一郡の男女がみな鳥取城へ逃げ込んで籠城したが、長期戦に備える準備をしていなかったため即時に餓死に及んだ)〉。天正九年(一五八一)十月二十五日、四か月に及ぶ籠城戦の末、鳥取城将の吉川経家《きっかわつねいえ》が降伏し、鳥取城は落城した。

羽柴秀吉の鳥取城攻めは二回行われている。第一次鳥取城攻めは、天正八年五月。秀吉は三木城を攻略したあと、一旦居城の長浜《ながはま》に帰城していたが、五月二十一日、鳥取城攻めに取り掛かり、緒戦で敵方の備えを打ち破った。信長は「粉骨の段、比類なく候」(『細川家文書』)と称賛した。秀吉から鳥取城は必ず攻略できると連絡を受けていた信長は、「小敵、あい侮り候て、深々と罷り出で、千万に一も利を失い候えば、外聞といい、実儀といい、かたがた以《も》って然るべからず候」(同上)と戒めていた。

鳥取城主の山名豊国《やまなとよくに》はあっさり帰属し、周辺の国人衆も人質を出して降伏し、鳥取城はそのまま豊国に守備を任せて帰陣した。しかし、鳥取城の家老衆が毛利氏に誼を通じたため、城主の豊国は鳥取城を出奔してしまった。鳥取城の家老衆は毛利氏に守将の派遣を依頼し、一族の吉川経家が決死の覚悟で鳥取城に入城し、秀吉軍に抵抗することになる。

秀吉は翌九年六月二十五日、満を持して出陣。〈打ち立つ人数二万余騎。備前、美作打ち越し、但馬口より因幡国中へ乱入(二万余騎で出陣し、備前、美作を越えて但馬口から因幡国中へ乱入)〉した。牛一は鳥取城を取り巻く景観を記し、その要害堅固ぶりを強調しつつ、それを上回る秀吉の包囲網を詳述する。〈幾年も在陣すべき用意、夥しき次第なり（何年でも攻囲できるような準備は驚くようなものだった）〉と形容する。

毛利軍の援軍が到来しても〈二万余騎の人数のうち、数千挺の弓・鉄炮勝《すぐ》り出し、一番に矢戦させ、その後、構えへ懸り候わんに、思うほど手を砕かせ、噇《どっ》と切り懸って悉く討ち果たし、中国一篇に申し付くべき手当堅固なり（二万余騎のうち数千挺の弓・鉄砲を選び出し、最初に射撃戦をさせ、その後、付城に攻撃を仕掛けてくれれば相手を疲弊させた上で、こちらからどっと切りかけて悉く討ち果たし、中国地方を一気に平定するという手堅い陣を敷いた）〉と秀吉軍の堅陣ぶりを記す。

牛一は、長期籠城戦となった鳥取城内の飢餓地獄を描く。〈木草の葉を採り、なかにも稲株を上々の食物とし、後にはこれもこと尽き候て、牛馬を食らい、雨露に打たれ、弱き者は餓死際限なし。餓鬼のごとく痩衰《ヤセヲトロ》えたる男女、柵際へ寄り、悵焦《モダエ》がれ、引き出し、扶《たす》け候えと叫び、叫喚《きょうかん》の悲しみ、哀れなるありさま、目も当てられず（草木の葉を採り、なかでも稲株が上々の食物だったが、のちにはこれも尽き果てたため牛馬を食し、雨露に打たれ、弱者が餓死することは限りなかった。餓鬼のように痩せ衰えた男女が柵際へ寄ってきて、激しく苦悩し、引き出して助けて欲しいと叫び、大声を上げて喚《わめ》き悲しむ姿は、目も当てられない哀れな様子だった）〉。これだけでも十分な悲惨さだが、牛一はさらに続ける。

〈鉄炮を以って打ち倒し候えば、片息したるその者を、人集まり、刃物を手々に持って続節《ツギ》を離ち、実取り候き。身のうちにても取り分け頭《カウベ》良き味わいありとあい見えて、頸をこなたかなたへ奪い取り、逃げ候き。兎《と》に角《かく》に命ほどつれなき物なし（鉄砲で打ち倒せば、虫の息となっているその者を、人が集まり、刃物を手に手に持って、関節を離して身〔肉〕を取る。身の中でもとくに頭部が良い味とみえて、首をあちらこちらへと奪い取って逃げていく。とにもかくにも命ほど思い通りにならないものはない）〉

こうした生き地獄を目の当たりにした城将の吉川経家以下三大将は、城兵の助命を条件に自害すると申し出、秀吉は信長の許可を得て、その旨を城内へ回答。すぐに切腹を命じ、三人の首を安土へ送った。籠城兵を不憫《ふびん》に思い、食物を与えたが、〈食に酔い過半頓死候（長い籠城戦で弱っていたため食に酔って過半が急死してしまった）〉と最後まで悲惨な籠城戦となった。

高松城の水攻め

羽柴秀吉の備中高松《たかまつ》城の水攻めである。鳥取城を攻略したあと、伯耆国で織田方として奮戦している小鴨元清《おがももときよ》（岩倉《いわくら》城主）・南条元続《なんじょうもとつぐ》（羽衣石《うえし》城主）兄弟の救援に向かい、吉川元春《もとはる》軍との全面対決を望んだが、機が熟さず、両城に兵粮、弾薬を入れて翌年春の再出陣まで備えを固めさせて十一月八日、姫路《ひめじ》城に帰陣した。休む間もなく、十七日、摂津の旗頭である池田元助《いけだもとすけ》（恒興《つねおき》嫡男）と共同作戦を取り、淡路島の岩屋《いわや》城を攻撃。岩屋城から〈懇望の筋目（懇願する道理、降伏を認めることができる理由）〉があったため赦免した。淡路島も平定し、武功を挙げた秀吉は、年末には莫大な歳暮を持参して信長に謁見した。

抜け目のない秀吉は女房衆にも小袖を贈って機嫌を取った。〈夥しき様躰、古今承り及ばず、上下とも耳目を驚かし候（これほどのものすごい贈り物はこれまでに聞いたことがなく、みなの者の関心を集めた）〉。信長は鳥取城攻略を嘉《よみ》し、〈因幡国鳥取、名城といい、大敵といい、一身の覚悟を以って一国平均《へいぎん》に申しつけらるること、武勇の名誉前代未聞（因幡国の鳥取城は名城であり、大敵でもあり、秀吉一人の覚悟で因幡国を平定したことは、武勇の名誉であり、前代未聞である）〉の旨の感状を下し、褒美として茶の湯道具十二種類の名物を下賜した。破格の待遇に感激した秀吉は年末に姫路に帰国し、翌年からの毛利攻めに専念する。

天正十年（一五八二）三月十五日、姫路城を出陣し、備中に侵攻し、冠《かんむりやま》山城、宮路山《みやじやま》城などを相次いで攻略し、難攻不落の高松城を攻囲した。この間、三月十七日には後継者秀勝《ひでかつ》の初陣を果たした。〈御次《おつぎ》公、御具足初めにて、羽柴筑前守秀吉御伴仕り、備前の児嶋《こじま》に御敵城一所あい残り候、この表あい働き手遣いの由、注進これあり（羽柴秀勝公の初陣に秀吉がお伴し、備前の児嶋に唯一の敵方の城として残っていた城を攻撃した、と信長に報告があった）〉。

実子に恵まれなかった秀吉は、信長五男の「次《つぎ》」（秀勝）を養子に貰い受けていたが、信長の実子であるため初陣にも気を遣い、信長にもその旨を〈注進〉した。牛一も「公」付で表記している。

周囲が沼地で囲まれている高松城を実見した秀吉は、力攻めを諦め、周囲の川を堰《せ》き止める水攻めに切り替えた。毛利方は、毛利輝元《てるもと》を総大将に吉川元春、小早川隆景《こばやかわたかかげ》らが救援に出陣してきたが、秀吉は万全の態勢を構築しており、毛利勢は高松城の落城を手をこまねいて傍観する体《てい》たらくだった。秀吉は調略の手を伸ばし、毛利方の頼みの綱ともいうべき村上《むらかみ》水軍を内部分裂させており、さらに毛利一族からの内応も取りつけるなど、毛利氏は崩壊寸前の状態となっており、とても高松城を全力で救援できる状況ではなかった。秀吉は輝元が出陣している今こそ好機と捉え、信長に親征を打診した。

信長は〈今度、間近く寄せ合い候こと、天の与うるところに候間、御動座なされ、中国の歴々討ち果たし、九州まで一篇に仰せつけらる（このたび、毛利勢が出陣してきて至近距離で対峙したことは天の恵みである。信長自らが出馬して中国地方の有力武将を討ち果たし、この機会に九州まで一気に平定する）〉との意気込みを示し、堀秀政《ひでまさ》を上使として秀吉に伝えさせた。

東国を平定した勢いで、中国、四国に加え九州まで平定する計画だったことがわかる。秀吉の援軍として丹波の明智光秀《みつひで》、丹後《たんご》の細川忠興《ただおき》、摂津衆の池田恒興・塩川橘大夫《しおかわきちだゆう》・高山右《たかやまう》近《こん》・中川清秀《なかがわきよひで》らに先鋒《せんぽう》を命じたが、光秀は動員した軍勢で本能寺の信長を急襲した。

並みいる重臣

柴田勝家

信長の重臣といえば、一番家老で家宰的な役割を担った林秀貞《ひでさだ》や、また村井貞勝《さだかつ》、武井夕庵《たけいせきあん》、松井友閑《ゆうかん》のような文官もいるが、軍団を率いる武将という側面では、佐久間信盛《のぶもり》、柴田勝家《かついえ》が両大将だった。初期のころには、森可成《よしなり》、坂井政尚《さかいまさひさ》もかれらに準じる存在だったと思われるが、元亀元年（一五七〇）に討死してしまった。本能寺の変直前には、西国攻めの大将に抜擢された羽柴秀吉が勝家に匹敵する分限に成長していた。このほか、明智光秀《みつひで》、丹羽長秀《ながひで》、河尻秀隆《かわじりひでたか》、滝川一益《かずます》も重用された。ここでは、登場頻度の高い勝家、一益、長秀に絞ってみていこう。

信盛追放後は、名実ともに信長の筆頭家老となった柴田勝家だが、最初は信長の家臣ではなく、信長の弟信勝《のぶかつ》付の家老だった。信長の一番家老である林秀貞と共謀し、信長を廃嫡して信勝を弾正忠家の家督に据える謀反を企てたこともあった。稲生原で信長軍と激戦を繰り広げたが、敗戦し、信長の力量を認めるようになった。信勝が再度の謀反を企てた時には信長に密告し、このため信勝は清洲城で誘殺された（前述）。〈この忠節仕り候について、後に越前大国を柴田に仰せつけられ候（この忠節によって、後年、越前という大国を柴田勝家に預け置かれた）〉というほどの寝返りだった。桶狭間の戦いや美濃攻めにも従軍したと思われるが、「首巻」には記されていない。

永禄十一年（一五六八）九月の上洛戦では勝龍寺《しょうりゅうじ》城攻めの先陣を命じられた。建勲本には〈柴田日向守〉と記されているが、池田本に〈柴田修理亮〉（摺《す》り消して修正している）とあるので、単なる誤記だろう。その後、京畿で奉行職をこなしながら、近江で六角《ろっかく》氏や浅井氏との戦いを繰り広げ、浅井氏滅亡後は、大和の多聞山城の定番に入り、畿内近国で活躍した。画期となったのは天正三年（一五七五）の越前一向一揆討伐後、越前の支配を委任されたことである。厳密には越前を拝領したのではなく、信長は〈預け置く〉という認識だった。天正三年九月日付で勝家に対し、九か条からなる「越前国掟」を与えて領国経営の指針を下している。『信長公記』にも写されているが、最も著名な部分は最後の一条。

〈何事においても信長申す次第に覚悟肝要に候（中略）とにもかくにもわれわれを崇敬候て、影後ろにてもあだに思うべからず。われわれある方へは足をも指さざるように心持ち肝要に候〈どんなことでも信長の命令に従うことが大事である〔中略〕とにかくわれわれを崇め敬い、信長がいないところでも粗略に思ってはならない。われわれがいる方角には足をも向けないようにする心持ちが大切である〉〉。絶対服従のような文面である。

天正七年（一五七九）末から大坂本願寺との和睦の機運が高まるなか、翌八年閏三月九日、〈柴田修理亮、賀州へ乱入（柴田勝家が加賀国へ侵攻）〉した。これに先立つ三月十七日付の和睦条件に加賀二郡の返還も約束されていた。これでは勝家の苦労も水の泡になる。信長は本願寺の「赦免」に合わせて、閏三月十一日付で佐久間信盛・信栄《のぶひで》父子、羽柴秀吉、九鬼嘉《よし》隆《たか》、柴田勝家らに対し停戦を命じている。勝家はこの命令が届く前に加賀奥郡、さらに能登《のと》へも侵攻し、停戦前に占領実績を残した。

〈一揆数多切り捨て（中略）歴々の者数輩討ち取（一揆勢を数多く切り捨て〔中略〕有力な者を数人討ち取）〉る武功を挙げた。しかし、勝家は、秀吉のように頻繁に信長に状況報告をしていなかった節があり、信長は北国のことが〈御心元なく思召され（心許なく思われ）〉、使者を派遣し、様子を言上するよう命じた。勝家は〈能登・加賀一篇に申し付けたる様躰（能登、加賀を一気に平定した状況）〉を報告したが、実際にはその途上だった。

〈十一月十七日、柴田修理亮調略にて、賀州の一揆歴々の者、所々にて手分けを申し付け、生害させ、頸ども安土へ進上（十一月十七日、柴田勝家は調略によって加賀の一揆の有力者を各地で手分けして殺害し、首を安土へ進上〉した。若林《わかばやし》長門守父子、宇津呂《うつろ》丹波守父子、岸田《きしだ》常徳《つねのり》父子、鈴木《すずき》出羽守《でわのかみ》父子など一揆の首魁《しゅかい》十九人を、首注文を添えて信長に進上。信長は〈御感、斜めならず（非常に悦んだ）〉。勝家としても、重鎮の佐久間信盛が直前に追放されており、必死になって戦功に励んだものと思われる。

その後も勝家は北陸軍の総督として加賀、能登、越中《えっちゅう》への侵攻作戦を進め、優位な戦局のなか、天正九年（一五八一）の馬揃えに参加し、越前衆として行軍した。しかし、馬揃えで在京している隙を衝いて上杉景勝《かげかつ》が越中に侵攻してきたため、せっかくの骨休みの暇もなく急遽、帰国した。天正十年の武田攻めの時には、越中富山《とやま》城内で信長父子が武田勝頼に討ち取られたという虚報が流れて反乱が起こったが、勝家軍が鎮圧した。六月三日には上杉方の魚津《うおづ》城を攻略し、上杉方を追い詰めていたが、前日には本能寺の変が起こっていた。

滝川一益

秀吉同様に、徒手空拳で信長に仕えた滝川一益も信長のお気に入りの家臣の一人だったと思われる。秀吉は「首巻」には登場しないが、一益は一か所だけ登場する。弘治年間（一五五五〜五八）と思われる七月十八日の踊りの興行の箇所である。〈餓鬼、滝川左近衆（餓鬼役は滝川一益衆）〉とある。信長は〈天人のお仕立てにお成り候て、小鼓を遊ばし、女踊りをなされ候（天人に扮装《ふんそう》して登場し、小鼓を打ち、女踊りをされた）〉。弘治年間には信長に仕え、しかも〈衆〉とあるので多少の従者も従えるようになっていたようである。もっとも、伝本によっては〈衆〉の記載のないものもある。

永禄十年（一五六七）からの北伊勢攻めで頭角を顕し、同十二年の北畠《きたばたけ》攻めでは、講和した大河内《おかわち》城を、津田一安《かずやす》とともに受け取り、養子に入った茶筅《ちゃせん》（信雄《のぶかつ》）を補佐する役割を担った。北伊勢を本拠としながら、各地の戦線に出陣し、織田軍を支えた。

信長は、天正四年（一五七六）七月、毛利水軍に大敗したことから、九鬼嘉隆と滝川一益に伊勢で大船の建造を命じた。嘉隆は六艘《そう》を建造し、一益も白舟《しろふね》一艘を建造。天正六年にはその大船がようやく完成し、嘉隆が熊野浦《くまのうら》から淡輪《たんのわ》を経由して大坂湾上へ回航し、毛利水軍を打ち破る戦果を挙げた。一益は白舟を操船した三人に黄金や服を下賜して労《ねぎら》った。

天正六年（一五七八）の神吉《かんき》城攻めでは、一益も出陣。七月十六日（異説あり）、激戦の末、ようやく神吉城を攻略した。〈七月十五日夜に入り、神吉の城へ滝川左近、惟住五郎左衛門両手より東の丸へ乗り入り、十六日に中の丸へ攻め込み、神吉民部少輔《みんぶのしょう》討ち取（七月十五日夜、滝川一益と丹羽長秀の軍勢が神吉城の東の丸へ乗り込み、翌十六日には中の丸まで攻め込み、神吉民部少輔を討ち取）〉った。かなりの激戦だったらしく、一益も負傷した。この年、十月、荒木村重《むらしげ》が謀反し、有岡城に籠城したが、一益が中心となって落城に追い込んだ。

天正十年（一五八二）の武田攻めでは、実質的な大将となった信忠《のぶただ》を補佐し、勝頼《かつより》父子を討ち取る武功を挙げた。三月二十一日には、一益が取次となって北条氏政《ほうじょううじまさ》からの献上品を信長に披露。〈御馬並びに江川《えがわ》のお酒、白鳥、色々進上（駿馬と江川の名酒、白鳥などいろいろ進上）〉。二年前に信長に帰属を申し出ていた氏政は、信長との縁組を望むなど服属姿勢をみせていたものの武田攻めでは出陣を見合わせるなど日和見《ひよりみ》的な動きをしたことで信長の機嫌を損じ、このあとも贈り物攻勢をするが、武田遺領の分配に与《あずか》ることはなかった。

ちなみに、この時の献上品の中の〈白鳥〉について、江川酒に続いて記されていることから、白鳥に似ている白鳥徳利と解する説もあるが、池田本には〈生白鳥〉とあり、生け捕りにした白鳥のようである。

武田の遺領配分で一益は、上野国と、信濃国の小県《ちいさがた》・佐久《さく》の二郡を拝領した。戦功第一だったと思われるが、六十歳近くの高齢でもあり、信長も気を遣った。〈年罷り寄り遠国へ遣わされ候こと、痛み思召され候といえども、関東八州の御警固を申し付け、老後の覚えに上野に在国仕り、東国の儀御取次、かれこれ申し付くべきの旨、上意、忝《かたじけな》くも御秘蔵のえび鹿毛《かげ》の御馬下され、この御馬に乗り候て、入国仕り候え、と御諚。都鄙《とひ》の面目この節なり（高齢になって遠国に派遣するのは気の毒だが、関東八州の総督を命じる。老後の名声に上野に在国し、東国のことを取り次ぎ、いろいろ指南するように。信長は秘蔵のえび鹿毛の馬を下賜し、この馬に乗って上野国に入国するように命令した。面目を施すのはこの時であった）〉。一世一代の晴れ姿となった。

関東の警固に加え、東国の取次を任されたのだから、管轄エリアとしては織田家中で最大である。しかし、当の本人にしてみれば、五十八歳にもなって上方《かみがた》から遠く離れたところに追いやられた感があっただろう。関東から東北にかけての広大なエリアの総督になる予定だったが、本能寺の変が一益の晩年を大きく狂わせた。

一益の『信長公記』最後の場面は、信長の凱旋時の接待である。四月二日、雨降りの中、信長は予定通り諏訪《すわ》から大ヶ原《だいがはら》に陣を移した。〈御座所御普請、御賄い以下、滝川左近将監《さこんしょうげん》申し付け、上下数百人の御小屋懸け置き、御馳走斜めならず（信長の御座所の普請から接待まで滝川一益が指示し、数百人が泊まる小屋を設営し、大変なもてなしをした）〉。これが信長との最後の別れとなった。

丹羽長秀

作者の太田牛一は丹羽長秀の与力となった関係から、長秀は『信長公記』で最も登場回数が多い。とくに「首巻」での長秀の活躍はずば抜けている。「首巻」の記事をみよう。

桶狭間の戦い後、信長は姉婿である犬山城の織田信清《のぶきよ》と敵対したため、小牧山城を築城して攻勢をかけていった。長秀は、信清の両家老である、黒田城の和田新介《わだしんすけ》、小口城主の中島《なかじま》豊後守《ぶんごのかみ》の内応を取り次ぎ、犬山城を裸城にして長秀が攻囲した。信清は、美濃の斎藤《さいとう》方とも結び、木曽川対岸の宇留間《うるま》城、猿啄《さるばみ》城と連携していたが、信長は両城を見下ろすことができる伊木山《いぎやま》に砦を構築して圧力を掛けたことで宇留間城は〈抱えがたく存知（守り抜くことはできないと思い）〉開城した。残る猿啄城は、同城の上の大ぼて山に〈丹羽五郎左衛門先駆けにて攻め上り、御人数を上げられ、水の手を御取り候て、上下より攻められ、即時に詰まり降参、退散なり（丹羽長秀が先陣を切って攻め上り、軍勢を上げて敵の水源を断ち、上下から攻撃したことで敵は即時に防御できなくなり、退散した）〉。

猿啄城よりもさらに三里奥に加治田《かじた》城があったが、この加治田城の佐藤《さとう》紀伊守（忠能《ただよし》）・右近右衛門父子が長秀を通じて信長に内通してきた。斎藤方は裏切り者の佐藤父子に対し、堂洞《どうほら》に砦を築き、長井《ながい》隼人も出陣してきた。せっかく内通してきた佐藤父子が危機に陥ったため、信長は堂洞砦の攻略に出馬した。堂洞砦攻めは、正午ごろから開始し、夕方六時ごろまで続いた。河尻秀隆が天主に乗り込み、続いて丹羽長秀も乗り入り、敵味方がわからないほどの激戦となったが、大将格の武将を討ち取った。その夜信長は加治田城に入り、佐藤父子に対面。〈父子、感涙を流し、忝しと申すこと、なかなか詞《ことば》に述べがたき次第なり（佐藤父子は涙を流して信長に感謝のお礼を述べたが、言葉に表せないほどのことであった）〉

長秀は、正室に信長の養女を貰い受け、嫡男長重《ながしげ》には信長の息女を娶《めあわ》せるなど、最も信頼された家臣の一人だった。有力武将が方面軍司令官に抜擢されていったが、信長は長秀を手放さず、そば近くに仕えさせた。戦場での活躍はもとより、安土城の普請奉行にも任じられるなど全幅の信頼を得ていた。本能寺の変直前には、四国攻めの準備のため、堺に下っていたので本能寺の変には間に合わなかった。

信長の趣味

茶の湯

信長の趣味は多彩である。茶の湯（茶の湯道具）、相撲《すもう》（見物）、鷹狩（鷹）、刀剣、駿馬など幅広い。また、小鼓や蹴鞠《けまり》も嗜《たしな》んだ。小鼓の腕前は名手といわれ、蹴鞠は飛鳥井《あすかい》雅教《まさのり》の門弟となっている。

茶の湯については、いつごろから執心するようになったのか不明だが、上洛後、名物を献上されてから目覚めたともいわれる。ただ、尾張の地誌類には信長が茶の湯を点《た》てるのに使った井戸の伝承もあり、尾張時代からそれなりに関心はあっただろう。父信秀《のぶひで》や傅役《もりやく》の平手《ひらて》政秀《まさひで》伝来の茶器もある。名物の蒐集《しゅうしゅう》もさることながら、家臣などに褒賞として下賜することもあった。

信長の茶会は、津田宗及《そうぎゅう》の記した『宗及他会記』などで確認できるが、『信長公記』には、天正三年(一五七五)十月二十八日、京・堺の数寄者《すきしゃ》十七人(堺衆は十六人)を妙覚寺《みょうかくじ》に招き、名物で座敷を飾って茶会を開いたことが見える。三好氏や本願寺などから贈られた名物を披露することで視覚的にも信長の権力を見せつける茶会でもあった。名物を列記したあと、最後に〈茶道は宗易《そうえき》。各《おのおの》生前《しょうぜん》の思い出、忝《かたじけな》き次第なり(茶頭《さどう》は千利休《せんのりきゅう》、みな生前の思い出となり、ありがたいことであった)〉と締めくくる。また、信長の茶の湯道具愛好を象徴するような記事が巻八(天正三年)末に記載されている。織田家の家督を嫡男信忠《のぶただ》に譲り、名刀をはじめとした重宝も信忠に下賜したが、〈信長御茶の湯道具ばかり召し置かせられ(信長は茶の湯道具だけを手元に置いて)〉重臣の佐久間信盛の屋敷に移った。茶の湯道具を最も愛好したような記述である。

天正六年(一五七八)は、落ち着いたなかで年が明けた。五畿内のほか、近江、尾張、美濃、伊勢、若狭、越前の家臣が年賀の挨拶に安土を訪れた。この中で特別待遇された家臣が十二人いる。〈中将信忠卿、二位法印、林佐渡守、滝川左近、永岡兵部大輔《ながおかひょうぶのたゆう》、維任日向守、荒木摂津守、長谷川与次《よじ》、羽柴筑前、惟住五郎左衛門、市橋《いちはし》九郎右衛門、長谷川宗仁《そうにん》、以上〉

十二人が元日の朝の茶会に招かれた。大きな名誉だっただろう。ここに漏れている重臣としては、佐久間信盛《のぶもり》、柴田勝家《かついえ》の両大将がいるが、信盛は大坂本願寺攻囲、勝家は越前で謙信軍の南下に備えて不参加だったと思われる。信忠は嫡男、二位法印は右筆《ゆうひつ》でブレーンも務めた武井夕庵《せきあん》、林は一番家老の林秀貞《ひでさだ》、永岡はもと幕臣の長岡（細川）藤孝《ふじたか》、維任は明智光《みつ》秀《ひで》、荒木は外様ながら摂津一国の支配を委《ゆだ》ねられている荒木村重《むらしげ》、長谷川与次は茶の湯に造詣の深い武将、羽柴はのちの豊臣秀吉、惟住は信長が最も信頼した丹羽長秀《ながひで》、市橋は美濃出身ながら早くから信長に誼を通じていた市橋長利《ながとし》、長谷川宗仁は出自不明だが、京都出身の茶人。長谷川与次、市橋九郎右衛門、長谷川宗仁の三人については、家臣の序列からすれば少し違和感があるが、茶人としての側面から招待されたのだろう。

　前記人名は自筆本の建勲本の記載だが、同じ自筆本でも池田本は最後の二人の市橋と長谷川の記載がなく、代わりに〈金盛《かなもり》五郎八（金森長近《ながちか》）〉が記載されている。〈金盛五郎八〉の文字は少し違和感があり、追記と思われる。池田本も人数は十二人としているので、一人足りないことになる。

　『信長公記』研究で難しい問題の一つが、伝本によってこうした人名表記が異なるところである。自筆ではないが、他の伝本ではどうなっているのだろうか。加賀前田《まえだ》家に伝わった『信長記』には、最後の二人が〈金森五郎八〉と〈前田又左衛門尉（前田利家《としいえ》）〉となっている。人数は十二人で問題はないが、前田利家については疑問とせざるを得ない。牛一の子孫は前田家に仕えているので、藩祖の利家を追記した可能性があろう。

ちなみに、この時の茶会のことを記した『天正六年茶湯記』には、藤孝と宗仁の名前は見えない。

茶の湯道具の褒賞という側面では、天正九年（一五八一）、鳥取城を攻略した秀吉に対し、褒美として茶の湯道具十二種類の名物を下賜した（前述）。後年秀吉は、茶の湯は「御政《ごせい》道《どう》」だったが、自分は許可されたと感激をもって記している。信長は、有力家臣の佐久間信盛、柴田勝家、丹羽長秀、明智光秀、滝川一益《かずます》らに茶の湯道具を下賜してさらなる奮起を促し、論功行賞にも用いた。趣味と実益も兼ねた利用方法でもあった。

信長は天正十年（一五八二）五月二十九日、結果的には最後となった上洛を果たす。この上洛時、多数の茶道具を伴い、翌六月一日に大茶会を開催したとする説もあるが、実際には二日以降に茶道具の披露を兼ねた茶会を予定していたようである。本能寺の変とともに信長が蒐集した名物の多くが灰と消えた。

相撲見物

信長はかなりの相撲好きだった。『信長公記』に記載されているだけでも九回興行している。少年時代の信長は、母親から小遣いを貰い、近所の悪ガキどもに相撲を取らせて褒美を与えたという逸話もある。

『信長公記』に見える相撲興行のうち、最も早いのは永禄十三年（元亀元年＝一五七〇）二月の上洛時に近江常楽寺《じょうらくじ》で開催した時である。その後、しばらくは見えないが、天正六年（一五七八）二月二十九日、〈江州国中の相撲取り三百人召し寄せられ、安土御山にて相撲取らせて御覧候（近江国中から相撲取りを三百人呼び寄せ、安土山で相撲を取らせて上覧した）〉。近江国内だけで三百人も相撲取りがいたというのは驚きだが、もちろん専業ではない。三百人のうち優秀な成績だった二十三人に扇を与えた。二十三人の中には、信長の〈御小人（雑用係）〉の東馬二郎《ひがしうまじろう》や大唐《だいとう》も入っていた。また、木村、青地、山田、村田《むらた》、太田、大塚《おおつか》、麻生《う》、下川《しもかわ》、布施《ふせ》など名字を持っている者も含まれていた。この中でも、日野《ひの》の長光《ちょうこう》という相撲取りには金銀で装飾した扇を与えて褒賞した。

　永禄十三年（一五七〇）以降八年間も相撲の記事がなかったが、この年（天正六年）八月十五日には早くも三回目の興行が見える。しかも、朝の八時ごろから夕方六時ごろまでの長丁場だった。近江や京都の相撲取りをはじめ千五百人を安土へ呼び寄せた。また、有力家臣は自ら相撲取りを召し連れてきており、これらを含めるとかなりの大人数だったと思われる。このため奉行も配置した。甥の織田（津田）信澄《のぶずみ》のほか、堀秀政《ひでまさ》、万見重元《まんみしげもと》（仙千世《せんちよ》）、村井貞成《さだなり》らの側近衆や、蒲生賦秀《がもうますひで》（氏郷《うじさと》）らの近江衆を含めた十一人。もちろん行司もいる。木《きの》瀬《せ》蔵春庵、同太郎大夫の二人が記されているが、二人で捌《さば》いたのなら、大変だったろう。

『信長公記』には活躍した力士が列挙されており、近江衆配下の相撲取りも活躍したことがわかる。最後には、家臣同士に取り組みをさせた。堀秀政、蒲生氏郷、万見重元、布施公保《きみやす》、後藤高治《ごとうたかはる》が取り組みしたあと、「真打」が登場した。信長は近江衆である永田景弘《ながたかげひろ》と阿閉貞大《あつじさだひろ》が強力《ごうりき》と聞き及んでいたので、この二人にも取り組みさせた。

〈阿閉、器量骨柄《コツカラ》優れて、力の強きこと隠れなく候えども、仕合せ候か、惣別《そうべつ》強く候か、刑部少輔勝ち相撲に候（阿閉貞大は体格が優れ、強力であることが知られていたが、めぐりあわせなのか、もともと強かったものか、永田景弘が相撲に勝った）〉という結果だった。家臣同士を取り組ませるのは、名誉心が強いだけに勧められることではなかったのではないだろうか。貞大は、周囲から一目置かれるほどの力量を持っていたのに景弘に敗れた。その後、汚名返上の機会はなかったようである。本能寺の変後、景弘は光秀に与《くみ》しなかったが、貞大は光秀に荷担した。深読みに過ぎるだろうか。

鷹狩

信長の鷹好きは相当なものである。上杉謙信《けんしん》に鷹の無心をしたり、鷹の名産地である東北の諸大名から献上されたこともある。とくに白の鷹（蒼鷹《そうよう》）を秘蔵した。「首巻」にも鷹狩の記事があり、独自の鷹狩法で軍事演習もしていた。

「首巻」の最後に面白い逸話が記載されている。丹波国の赤沢《あかざわ》加賀守という鷹好きの武士が、関東へ自ら下って角鷹《くまたか》二連《もと》（二羽）を求めた帰り、尾張の信長のもとに立ち寄り、二連のうち一連を進上しようと申し出た。信長の鷹好きが知られていたのだろう。信長は〈志のほど感悦至極に候。しかしながら、天下御存知の砌《みぎり》、申し受くべく候間、預け置く（ご厚意はこの上なく感謝するが、天下を掌握した時に改めて頂きたい。それまでは預けておこう）〉と返事した。

このことを加賀守が京都で話したところ、〈遠国よりの望み、実《まこと》しからずと申し候て、皆々笑い申し候（都から離れたところで天下を望むというのは本気ではないだろう、とみなの者は笑った）〉。信じられなかったのだろう。この時から十年も経たずに信長が上洛し、〈希代不思議のことどもなり（非常に不思議なことであった）〉と締めくくられている。伝本によっては記載されていないものもあり、のちに聞き込んだ逸話なのだろう。年次の記載はないが、桶狭間の戦い以後、美濃攻めの最中のころだったと思われる。ちなみに、『武徳編年集成』にも同様の逸話が記載されているが、赤沢加賀守は、赤沢出雲守《いずものかみ》となっており、鷹の数も二連ではなく、三連と記されている。

四国の長宗我部元親《ちょうそかべもとちか》から鷹を献上されたこともあった。天正八年（一五八〇）六月二十六日条。〈土佐国《とさのくに》捕佐せしめ候長宗我部土佐守、維任日向守執奏にて御音信として御鷹十六連、ならびに砂糖三千斤《きん》進上。すなわち、御馬廻衆へ砂糖下され候き（土佐国を補佐している長宗我部元親が明智光秀を通じ、音信として鷹十六連、砂糖三千斤を進上してきたので、信長はすぐさま馬廻衆へ砂糖を下された）〉。鷹の献上は臣下であることを示す場合があり、実際に信長は元親の嫡男弥三郎《やさぶろう》に「信」の偏諱を与えて「信親《のぶちか》」と名乗らせるなど主君のように振る舞っている。

『信長公記』には鷹狩の記事が散見されるが、とくに晩年に目立つ。荒木村重《むらしげ》討伐の時には、自ら戦場で指揮を執ることはなく、戦場視察にことよせて鷹狩や物見遊山（箕面《みのお》の滝見物）に時を過ごすこともあった。戦局に対する余裕の表れでもあった。

駿　馬

信長への駿馬の献上も多い。家臣はもとより、各地の大小名から献上されている。馬好きであることも知られていたのだろう。

信長の弟喜六郎（秀孝《ひでたか》）が守山城主の織田信次《のぶつぐ》の家臣に誤射された時、信長の馬好きの挿話が載せられている（前述）。信長は普段から馬を乗り回して馬を鍛錬していたが、信長に付き添った家臣らは、〈飼い詰めて常に乗ること稀なるに依《よ》りて（飼い続けるだけで、めったに乗らなかったため）〉運動不足となり、信長についていけず、なかには頓死《とんし》する馬も出るありさまだったという。

駿馬をめぐっては信長には苦い経験もあった。信長の傅役平手政秀は、信長の行状が改まらないため諫死《かんし》したといわれるが、じつは駿馬を発端とした対立があったという見方がある。「首巻」の政秀諫死の直前の記事に、政秀の嫡男五郎右衛門が駿馬を所持しており、〈信長公御所望のところ、にくふりを申し、某《それがし》は武者を仕り候間、御免候えと申し候て進上申さず候。信長公御遺恨浅からず。度々思し召し当らせられ、主従不和となるなり（信長公が所望したところ、憎らしいことを申し、私は武者を心掛けているのでご容赦ください、といって進上しなかった。信長公はこれを深く根に持ち、その後何度も進上するように命じたが、進上しなかったため、主従は不和となってしまった）〉。政秀はこれが原因となって、平手家の将来を慮って自害したという説である。信長も反省したことだろう。

嫡男・信忠

信忠の初陣

弘治三年（一五五七）生まれ。一説には五月生まれという（『清須翁《きよすおう》物語』）。母は生駒《いこま》氏（生駒家宗《いえむね》の娘）。信長の嫡男である。幼名は「奇妙《きみょう》」。元服して菅九郎信重《かんくろうのぶしげ》と名乗る。のちに諱は信忠に改める。仮名《けみょう》（通称のこと）の菅九郎は、どこから採ったのか不明。信長の父信秀《のぶひで》や信長も名乗った「三郎」は称していない。永禄十年（一五六七）、武田信玄《しんげん》の息女（松姫《まつひめ》、信松尼《しんしょうに》）と婚約するが、破談。室は塩川長満《ながみつ》の息女。嫡男秀信《ひでのぶ》の母（徳寿院《とくじゅいん》、寿々姫《すずひめ》）といわれる。のち一条政所《いちじょうまんどころ》。また、佐治《さじ》氏の室もいたようである。宣教師の記録によると次男の忠信《ただのぶ》（系図では秀則《ひでのり》）は異母弟なので、母は佐治氏かもしれない。

確実な史料への初登場は、意外にも宣教師の記録である。ルイス・フロイスの一五六九年七月十二日（永禄十二年閏五月二十八日）付書簡。フロイスは、永禄十二年五月、布教への協力を得るため岐阜へ下向し、その顚末を詳しく記している。信長の指示で金華山《きんかざん》上の城（岐阜城）へ赴いたが、その時、信忠（奇妙）と信雄《のぶかつ》（茶筅）の二人の息子を見ている。信忠の年齢は十三歳としており、弘治三年（一五五七）生まれと符合する。信長は、次男の信雄に対しては宣教師一行に対し、お茶を持って来させ、さらに食膳まで運ばせているが、信忠に対しては何事も命じなかったものか、信忠の接待ぶりは記されていない。のちにまとめた『日本史』にも信忠に関する記述は追記されていない。嫡男と次男とを明確に区別した扱いをしていたのかもしれない。

信忠の初陣は元亀三年（一五七二）七月。〈七月十九日、信長公の嫡男奇妙公御具足初めに、信長御同心なされ、御父子江北表に至って御馬を出だされ、その日、赤坂《あかさか》に御陣取り（七月十九日、信長公の嫡男信忠公の初陣に信長も同陣し、父子で北近江に出馬し、その日は赤坂に陣取りした）〉。信長の後継者である奇妙信忠の初陣を記す。この年十六歳。信長の初陣は十四歳の時であり、二年遅れになる。信長と同年齢の十四歳の時は元亀元年となり、いわゆる「元亀の争乱」に突入し、信忠の初陣を飾るに相応しい状況になかったことも初陣が遅れた理由かもしれない。元服の時期についてははっきりせず、初陣後に元服したという説もあるが、やはり初陣前に元服していただろう。

この初陣は、二年前から攻城戦を続けていた浅井氏の小谷城攻めである。嫡男の晴れ舞台でもあり、信長は万全の態勢を整えて初陣を飾らせた。〈二十一日、浅井居城小谷へ押し詰め、雲雀山《ひばりやま》、虎御前山《とらごぜやま》へ御人数上られ、佐久間右衛門、柴田修理、木下藤吉郎《きのしたとうきちろう》、丹羽五郎左衛門、蜂屋兵庫頭《はちやひょうごのかみ》仰せ付けられ、町を破らせられ、ひと支えも支えず押し入り、水の手まで追い上げ、数十人討ち取る（七月二十一日、浅井氏の居城小谷城へ追い詰め、雲雀山、虎御前山へ軍勢を上らせ、佐久間信盛《のぶもり》、柴田勝家《かついえ》、羽柴秀吉、丹羽長秀《ながひで》、蜂屋頼隆《よりたか》に命じ、町を破壊させ、一度の防戦もさせずに追い込み、水の手まで追い上げて数十人を討ち取った）〉。織田家の錚々《そうそう》たる重臣を揃えた。信長は一旦戦陣を離れて岐阜へ帰城したが、信忠は在陣を続けて期待に応えた。

家督継承

天正三年（一五七五）末、信長は家督を信忠に譲った。信忠は岩村城攻めの功績（前述）を認められ、信長が右大将に任官した十一月七日、秋田城介に任ぜられた。〈十一月二十八日、信長御家督秋田城介へ渡し進ぜらる（十一月二十八日、信長は家督を信忠に譲った）〉。信長はこの年四十二歳、信忠は十九歳である。当時の戦国大名の家督相続の年齢として、とくに違和感はない。「首巻」の記事を思い出していただきたい。信長の父信秀は四十二歳（異説あり）で病死し、その時信長は信忠と同じ十九歳だった。ぴったり合うのは単なる偶然だろうが、信長としても自分の年齢になぞらえて信忠の家督相続の時期を見計らっていたと思われる。ちなみに、これまた偶然だが、信秀、信長、信忠、秀信の四代の年齢差はすべて二十三歳である。

長篠の勝利で東国方面からの脅威が格段に減少し、越前一向一揆も討伐、本願寺も「赦免」するなど政権が安定し、翌年には安土城の築城も予定していたことから家督相続に踏み切ったのだろう。家督を譲ったといっても信長が隠居したわけではない。実質的な権力は信長が握っており、本国の尾張、美濃の支配を徐々に信忠へ移管していくことになる。信忠は、数多くいる信長の男子の中でも、次男以下とは明確な格差をもって嫡男として育てられた。信長の後継者として着実に成長し、元亀三年（一五七二）に初陣を果たし、天正元年（一五七三）ごろから独自の軍団を徐々に形成していく。

なお、『信長公記』の家督相続の記事で少し疑問となる表記がある。〈信長三十余年粉骨を尽くされ（信長が三十年余りにわたって大変苦労を尽くされ）〉たという部分である。これでは信長は十歳ごろから織田家を背負ってきたように読める。「二十年」なら理解できるが、自筆本を確認してみても、建勲本〈卅年〉、池田本も〈三十余年〉である。その他の写本も同様である。単なる勘違いなのだろうか。閑話休題。

家督相続に際し、信長はこれまで蒐集してきた名刀やそのほかの重宝を譲り、尾張、美濃も譲った。信長は茶の湯道具だけを持って、重臣の佐久間信盛の屋敷に移った。牛一は〈御父子とも御果報大慶珍重々々（父子ともに幸せよく、この上なくめでたく結構なことであった）〉と結んでいる。

信忠への家督相続は、良質な史料では『信長公記』にしか見えないようである。日本史上でも著名な信長が家督を譲った日について、『信長公記』以外に記載されていてもよさそうだが、確認されていない。これだけに限らず、信長の動向は、『信長公記』にしか記されていないことが多く、その真偽を判断するのも、じつは難しい。とくに矛盾がない限り、牛一を信用するしかないのが現状である。伝本間で異なることが記されている場合は、なおさらのこと判断が難しい。

前記「松永久秀の謀反」の項で触れたが、天正五年（一五七七）の信貴山城攻めは、嫡男信忠が総大将となって出陣し、見事に攻略。翌六年正月四日、信忠は前年末に信長から拝領した茶道具の御開きの会を万見重元《しげもと》の屋敷で開き、主だった家臣を招待し、自ら茶を点《た》てて振る舞った。『信長公記』には信長から招待された十二人（前述）のうち、細川藤孝《ふじたか》、荒木村重《むらしげ》、明智光秀《みつひで》の三人（信忠を含めると四人）が外れている。かれら三人は外様衆であり、信忠としてもやはり距離感があったのだろうか。ただ、『天正六年茶湯記』には、荒木村重の名前も見えており、村重は特別待遇だった可能性も残る。

信州高遠城を攻略

武田勝頼《かつより》は、長篠での大敗後、家中の立て直しを図っていたが、外交戦略の失態もあり、領国経営が破綻《はたん》し、義弟の木曽義昌《きそよしまさ》も天正九年（一五八一）末には信長に内応するなど武田軍団は末期症状を呈し始めていた。義昌は翌年二月一日には人質を出して謀反をあからさまにし、これを知った勝頼は、翌二日、義昌を討つべく諏訪まで出陣したが、従兄弟で義兄弟でもある重臣の穴山梅雪《ばいせつ》の謀反を知って慌てて新府《しんぷ》城に帰陣するありさまだった。

信忠は二月十二日に出陣し、三月一日には飯島《いいじま》から天竜川《てんりゅうがわ》を越え貝沼原《かいぬまはら》に着陣した。内応してきた松尾《まつお》城主の小笠原信嶺《おがさわらのぶみね》を案内者として、〈中将信忠卿は御母衣の衆十人ばかり召し連れ、仁科《にしな》五郎楯籠り候高遠《たかとお》の城、川よりこなた高山へ懸け上させられ、御敵城の振る舞い、様子御覧なされ、その日は貝沼原に御陣取り（信忠は母衣衆十人ほどを召し連れ、仁科信《のぶ》盛《もり》〔盛信〕が籠城する高遠城の城下を流れる川の手前の高山に登り、敵城の行動や様子を見降ろし、その日は貝沼原に陣を据えた）〉。敵陣を自ら視察するなど父信長を見習ったものだろう。翌日未明に総攻撃を仕掛けた。

〈中将信忠御自身、御道具を持たせられ、先を争って塀際へ付けられ、柵を引き破り、塀の上へ上がらせられ、一旦に乗り入るべきの旨、御下知の間、われ劣らじと御小姓衆、御馬廻城内へ乗り入れ、大手・搦手《からめて》より込み入り、込み立てられ、火花を散らしあい戦い、各《おのおの》疵を被り、討死算を乱すに異ならず（信忠は自ら武具を持ち、先を争って塀際へ取り付き、柵を破り、塀の上に上がり、すぐに乗り込むように命令したため、小姓衆や馬廻衆は他の者に負けてなるものか、とばかりに城内へ乗り込み、大手・搦手から雪崩《なだ》れ込み、火花を散らして戦い、多くの者が疵《きず》を受け、討死した者があちこちに散乱していた）〉

城主の仁科信盛は勝頼の実弟として、信忠からの降伏勧告も受け付けず徹底抗戦したため、高遠城攻めは、武田攻めでの唯一の激戦といわれる。牛一はここでも特筆すべき出来事を伝えてくれている。

〈諏訪勝右衛門女房、刀を抜き持ち、切ってまわり、比類なき働き前代未聞の次第なり。また、十五、六の美しき若衆一人、弓を持ち、台所の詰まりにて人余多《あまた》射倒し、矢数射尽くし、後には刀を抜き、切ってまわり討死（諏訪頼辰《よりたつ》の女房は、刀を抜き持って切ってまわり、前代未聞の比類ない働きをした。また、十五、六歳の美しい若衆一人が弓を持って台所の隅でたくさんの人を射殺し、矢が尽きたあとは刀を抜いて切ってまわって討死）〉した。信盛以下四百余を討ち取り、信盛の首は信長へ進上。牛一は高遠城攻めでの信忠の活躍を絶賛する。

〈嶮難《けんなん》・節所《せっしょ》を越させられ、東国において強者とその隠れなき武田四郎に打ち向かい、名城の高遠の城、鹿目《かなめ》と屈強の侍ども入れ置き、あい抱え候を、一旦に乗り入れ、攻め破り、東国・西国の誉れを取られ、信長の御代を御相続、代々の御名誉、後胤の亀鏡《ききょう》に備えらるべきものなり（険難・節所を越え、東国において強勢な軍勢として知られている武田勝頼に戦いを挑んだ。名城の高遠城には重要拠点として屈強の侍が籠城していたが、信忠は一気に攻撃を仕掛けて攻め破った。東国と西国で名を揚げ、信長の後を継ぎ、代々の名誉は後世の手本ともなるものだった）〉。その後、信忠は無人の荒野を行くがごとく進撃し、三月十一日、武田勝頼・信勝《のぶかつ》父子は天目山《てんもくざん》に自刃し、名門武田氏は滅びた。勝頼らの首は、信忠を経由して信長の実検に供され、京都で獄門に晒《さら》された。

信忠に天下を譲る

武田攻めは信長が総大将だったが、先陣の信忠が急進撃し、武田氏を滅亡に追い込んだ。信忠は信長から勘気を受け、前年七月には赦《ゆる》されていたが、今回の武田攻めでは名誉挽回のために決死の覚悟を決めていた。それを察した信長は、河尻秀隆《ひでたか》や滝川一益《かずます》に命じて、信忠の猪突猛進《ちょとつもうしん》を慎むよう繰り返し厳命したが、信忠は猛進撃した。二月十五日付で滝川一益に宛てた朱印状（『建勲神社文書』）には、「城介（信忠）こと若く候て、この時一人粉骨をも尽くし、名を取るべしと思う気色相見え候間」と心配する一方、「万一粗忽《そこつ》の働き候て、聊《いささ》かも落度《おちど》候わば、縦《たと》い自身命生き候とも、二度我々前へは出ずべからず候」と諭している。不覚を取れば、生き長らえても二度と出仕はさせないと断言している。これを一益に対しての忠告とする向きもあるが、一益に対してなら言わずもがなのことであり、信忠に対しての戒めであろう。

二月二十三日付の河尻秀隆宛の黒印状（『徳川黎明会《れいめいかい》文書』）でも、信長が出陣するまでは、信忠を先に進ませてはならないと厳命している。さらに、三月三日には直接信忠に対し、「それより先へは一切無用候」（『関戸守彦氏所蔵文書』）と改めて命令。それでも信忠は突っ走った。本来なら処罰ものだったと思われるが、信長は、信忠の働きに若き日の自分の姿を見たのかもしれない。

三月八日付の柴田勝家宛書状を見ると、信忠を引き留めることは諦めたようである。「我々出馬詮無く候えども、連々、関東見物望みに候。幸いの儀候間、相越し候」と占領地視察を兼ねた関東見物に切り替えている。堺政所の松井友閑《ゆうかん》宛の黒印状には「かくのごとく、三十日、四十日際《きわ》に一篇に属するのこと、われながら驚き入るばかりに候」と書き送っている。強敵武田がこうもあっさり滅亡するとは当の信長も予想外だった。

信長は、信忠の武勲を高く評価した。〈三位中将信忠卿、今度高遠の名城攻め落とし、お手柄御褒美として、梨地蒔《なしじまき》御腰物参られ候。天下の儀も御与奪なさるべき旨、仰せらる〉（信忠が高遠城を攻略した武功に対する褒美として梨地蒔絵の刀剣を贈り、天下のことも譲る、と仰せられた)〉。信長は天正三年(一五七五)末に織田家の家督を信忠に譲っていたが、東国平定が一段落したことで〈天下〉をも譲ると公表した。しかし、『当代記』によると、信忠は若輩の故をもって辞退したという。

安土に凱旋した信忠は、信長に駿河拝領のお礼を述べるため安土に上っていた徳川家康一行とともに上洛し、そのまま一緒に堺へ下向する予定だったが、信長が上洛する予定を聞いて堺下向を取り止《や》めた。これが運命の岐路となった。

二条御所の攻防

信長に先行して家康一行の案内を兼ねて上洛していた信忠は、五月二十七日付で信長の小姓森成利《なりとし》(乱)に宛て、「中国表近々御馬を出ださるべく候条、我々堺見物の儀はまず遠慮致し候。一両日中に御上洛の旨候間、是に相待ち申し候」と伝えている。追伸には、家康は明日、大坂、堺へ下向する旨もあわせて記している(『小畠《おばた》文書』)。信長の上洛日程は、直前になるまで後継者の信忠も知らなかったことがわかる。また、この書状が成利に渡っていれば、後世に伝わらなかった可能性が高いだろう。丹波国の光秀の家臣の系統と思われる小畠家に伝わったことを勘案すると、光秀はこの文書そのものか、写しを入手し、信長や信忠の動きを探索していた可能性もあろう。

妙覚寺に宿泊していた信忠は本能寺の急変を聞いて、信長の救援に駆け付けようとしたが、京都所司代の村井貞勝父子が走り込んできて、〈本能寺は、はや落居仕り、御殿も焼け落ち候。定めてこれへ取り懸け申すべく候間、二条新御所は御構《おんかま》えよく候、御楯籠り然るべし（本能寺はすでに落居し、御殿も焼け落ちてしまった。明智軍は必ずここ妙覚寺へ攻撃に来るでしょう。二条御御所〔二条御新造〕は防戦するのに優れた建物であるので、二条御所に籠城するのがよろしいでしょう）〉と助言し、信忠はその意見を入れて二条新御所での籠城を決めた。一旦、京を落ちることを進言する者もいたが、信忠は〈雑兵の手にかかり候ては後難無念なり。ここにて腹を切るべし（雑兵に殺されることがあっては後世に不名誉を残すことになり無念である。ここで腹を切る）〉と覚悟を決めた。

明智軍に包囲され、〈切り殺し切り殺され、われ劣らじとあい戦い、互いに知つ知らるる中の働きなれば、切っ先より火焰《エン》を降らし（中略）思い思いの働きあり（切り殺し、切り殺され、誰にも負けてなるものかと戦い、互いに旧知の間柄での戦いなので、手加減もなく、切っ先より火炎を降らし〔中略〕それぞれが思う存分戦った）〉と激戦を繰り広げた。しかし、多勢に無勢、勝敗の帰趨《きすう》は明らかだった。

覚悟を決めた信忠は〈御腹召され候て後、縁の板を引き離し給いて、後にはこの中へ入れ、骸骨を隠すべきの旨仰せられ、御介錯《ごかいしゃく》のこと、鎌田《かまた》新介に仰せつけられ、御一門歴々宗徒の家子《いえのこ》、郎党、甍《いらか》を並べて討死、算を乱したる有様御覧じ、不憫に思し召さる。御殿も間近く焼け来たり、この時御腹召され、鎌田新介、冥加なく御頸を打ち申し、御諚のごとくに御死骸を隠し置き、無常の煙となし申し、哀れなる風情目も当てられず〈自害後は、縁の板を剝《は》がしてその中に骸骨を隠すように命令し、介錯を鎌田新介に命じた。一門衆やその家臣がたくさん討死し、その死骸がごろごろ横たわっている様子を見て不憫に思われた。御殿も焼けてきた時、自害し、鎌田新介が畏れ多くも信忠の首を打ち落とし、命令通り死骸を隠し、火葬の煙とし、哀れなる様子は目も当てられないほどだった〉と信忠の最期を記す。

信忠の奮戦ぶりは他の記録にも残されている。『五師《ごし》職方《しょくかた》日記』には「城介〈信忠〉殿御働き、比類なき由なり」、『蓮成院《れんじょういん》記録』にも、誠仁《さねひと》親王らを退去させたあと、門を開いて打って出て、門前で半死半生の戦いをし、三度まで寄せ手を撃退したという伝聞を記している。

荒木村重の謀反

臣従から謀反へ

元亀四年（天正元年＝一五七三）に入ると、将軍義昭《よしあき》があからさまに信長に反旗を翻した。信長は三月末に出馬したが、この時、幕臣の細川藤孝《ふじたか》、荒木村重《むらしげ》が信長陣営に投じた。信長は、〈ご機嫌申すばかりなし（この上もなく上機嫌となった）〉。名物の刀・脇差を下賜して報いた。外様ながら村重は信長に重用され、〈摂津国一職《いっしき》に仰せつけらるる（摂津国の支配を任された）〉。天正二年の蘭奢待《らんじゃたい》切り取りでは、外様ながら奉行に任じられ、その後、天正三年の越前一向一揆討伐戦をはじめ、各地の戦線に従軍した。

天正六年（一五七八）正月、畿内近国の大小名が安土城に出仕するなど織田政権は安定期を迎えているかに見えたが、この年二月には別所氏（三木城）が離反し、さらに十月には摂津支配を任せていた荒木村重が突如として謀反した。村重は、麾下《きか》の中川清秀《きよひで》、高山右近《たかやまうこん》柴秀吉は挟撃されるかたちになる。信長は使者を派遣して村重の説得を試みたが、翻意しないため、討伐に踏み切ることになる。

〈十月二十一日、荒木摂津守、逆心を企つるの由、方々より言上候（十月二十一日、荒木村重が謀反を企んでいるという情報が方々から入ってきた）〉。村重謀反の一報が信長の元へ届いたが、信長はその理由がわからず、〈何篇《いずれへん》の不足候かな。不満を申せば、仰せつけらるべきの趣き（どんな不足があるというのか。存分を申し上げ候わば、聞き届けよう、という趣旨）〉を伝えたところ、村重は〈少しも野心御座なきの通り申し上げ候（少しも野心はございません、と回答した）〉。

信長は悦び、〈別儀なく候わば、出仕候えと、御諚候といえども、謀反《むほん》を構え候の間、参らず候（支障がなければ伺候するように命令したが、謀反を目論んでいたため、出てこなかった）〉。村重の時間稼ぎである。一説には、村重は釈明のため安土へ行こうとしたが、属将の中川清秀が、信長は一度疑えば信用しないので無駄死にするだけだ、と村重を押しとどめたといわれる。しかし、村重はこれ以前に、本願寺に対して誓紙を出している。『安土日記』には村重謀反の報は『信長公記』より二日早い十月十九日に届いたとしているが、その二日前の十七日付で本願寺顕如《けんにょ》は村重父子に誓紙を与えており（『古文書集』）、村重謀反の動きはもう少し早く、しかも確実だった。

牛一は、村重の謀反について〈身のほどを顧みず朝恩に誇り、別心を構え候（自分の分際も弁《わきま》えず、信長の恩に慢心し、謀反を企てた）〉と手厳しい。〈一僕の身（低い身分）〉だったのを信長が引き立て、摂津一国の進退を任せたという見方である。たしかに、もともとは一僕の身に近かったのかもしれないが、信長に臣従した元亀四年（一五七三）には摂津の旗頭の一人に成長していた。それだからこそ、将軍陣営から信長陣営に身を投じた時、高く評価したのである。村重は、中川清秀、高山右近、安部良成らの摂津衆を麾下にしており、本願寺と結んで蜂起すれば、中国地方の毛利氏・宇喜多氏と合わせて一大勢力になる。秀吉は、三木城攻めの最中であり、東西から挟撃される危機に陥った。

勅命講和を模索

信長は、ここは一旦、時間稼ぎする方策として、本願寺に対し朝命による和睦を働きかけた。本願寺は同盟している毛利氏の了解が必要と回答したため、毛利氏へ勅使を派遣する段取りを進めた。この一方、和戦両様で臨む信長は、宣教師を恫喝し、キリシタンの高山右近の投降を働きかけ、高槻《たかつき》城の右近を寝返らせることに成功した。右近が信長のもとに伺候した時、信長は〈御祝着なされ、御肌《おんはだえ》に召させられ候御小袖を脱がせられて下され、ならびに埴原新右衛門《はいばらしんえもん》進上の御秘蔵の御馬（お悦びなされ、その時肌に着けていた小袖を脱いで与え、さらに埴原新右衛門から進上されていた秘蔵の駿馬）〉を下賜した。茨木《いばらき》城の中川清秀も帰順し、大きな危機は去った。村重の属将を帰順させ、九鬼嘉隆《よしたか》が木津川口《きづがわぐち》の海戦で毛利水軍を破るなど村重討伐の見通しがついたことで、勅命講和を取り止め、村重を力攻めで討伐すること に切り替えた。それでも一年以上を費やしたことを考えると、右近や清秀の帰順がなければ、相当な難戦になっていたと思われる。

村重の謀反で信長は窮地に立たされたが、徐々に村重を追い詰めていった。約一年後の天正七年（一五七九）九月二日、村重は退勢挽回のため夜陰に紛れて嫡男村次《むらつぐ》が守備する尼崎《あまがさき》城へ移り、抵抗を続けた。取り残された有岡城内は混乱し、足軽大将らが織田軍に内応し、落城寸前まで追い込まれた。村重の縁戚である明智光秀《みつひで》（村次室は光秀息女）は、籠城衆に対し、村重を説得して尼崎城、花熊《はなくま》城を開城させることができれば城兵を助命すると提案した。家老衆は有岡城に人質を残して尼崎城へ赴いて村重を説得しようとしたが、味方であるはずの城から鉄砲を撃ちかけられて城に入ることもできず、説得は失敗した。

前代未聞の処刑

〈歴々の者ども、妻子・兄弟を捨て、わが身一人ずつ助かるの由、前代未聞の仕立てなり

（主だった者どもが妻子、兄弟を見捨て、自分一人だけ助かろうとするのは前代未聞のことである）〉。家老衆は人質を見捨てて逃亡した。この報に接した信長は激怒し、有岡城の人質は「日本において久しく耳にしたこともないほどきわめて残酷で尋常ならぬ厳しい裁き」（『フロイス日本史』）で処刑されることとなった。

暮れも押し詰まった十二月十三日、尼崎城の近くの七松《ななまつ》で百二十二人の女房衆が磔に架けられ、鉄砲、鑓、長刀《なぎなた》で害された。〈百二十二人の女房一度に悲しみ叫ぶ声、天にも響くばかりにて、見る人、目もくれ、心も消えて感涙抑えがたし。これを見る人は、二十日、三十日の間はその面影、身に添いて忘れやらざる由にて候なり（百二十二人の女房衆が同時に泣き悲しむ声は天にも届くほどで、見物衆は目も眩《くら》み、気が遠くなり、感涙を抑えることができなくなった。これを見た人は、二十日、三十日の間はこの光景を忘れることができなかったということである）〉。このほか身分の低い武士や妻子など合わせて五百十二人は四軒の家に押し込められ焼殺された。

〈風の回るに従って（中略）躍り上がり、飛び上がり、悲しみの声、煙につれて空に響き、獄卒《ごくそつ》の呵責《かしゃく》の責めもこれなるべし（風が回るに従い（中略）躍り上がり、飛び上がり、悲しみの声が煙とともに空に響き、獄卒の責苦のようであった）〉と凄惨《せいさん》な情景を記し、〈肝魂《キモタマシイ》を失い、二目ともさらに見る人なし。哀れなる次第、なかなか申し足らず（見物衆は茫然自失となり、もう一度見ようとする人はいなかった。哀れな様子はなかなか申せないほどだった)〉。

村重側室の最期

村重側室の〈たし〉(読みは「だし」)を含めた女房衆や近親者は、この前夜に京都へ護送され妙顕寺《みょうけんじ》に入れられた。人質を収監するために、わざわざ妙顕寺を普請するほどの念の入れようだった。十六日には、上京一条辻《かみぎょういちじょうつじ》から室町通、洛中を引き回された上、六条河原で処刑された。身分の低い女性は人目も憚らず泣き悲しんだが、身分の高い女性は〈肌には経帷子《きょうかたびら》、上には色よき小袖、美しく出で立ち(中略)遁《のが》れぬ道を悟り、少しも取り紛れず神妙なり(肌には死に装束の経帷子、その上には色よい小袖の美しい装いをし(中略)逃れられない運命を悟り、少しも取り乱さず、神妙であった)〉。とくに〈たし〉については〈聞こえある美人なり(評判の美人だった)〉と特筆している。

〈たし〉は、〈車より降りざまに、帯締め直し、髪高々と結い直し、小袖の襟《えり》を押しのけて尋常に切られ候(車から降りた時、帯を締め直し、髪も高く結い直し、小袖の襟を広げ、堂々とした様子で切られた)〉。見物衆はその落ち着いた死に際を褒め称えたという。宣教師の記録でも、「天性の美貌《びぼう》と貞淑さの持主で、つねに顔に大いなる安らぎを示していたが、車から降りる前に、頭上の振り乱れていた髪を結び、身だしなみをより保つため、腰帯を締め、時の習慣に従い、幾重にも重ねた高価な衣裳《いしょう》を整えた。永遠の懲罰も来世の栄光も知らぬ異教徒として、即座に幾つかの詩句を作って朗吟した」と称賛されている。

牛一は〈荒木一人の仕業にて、一門、親類上下の数を知らず、四鳥《しちょう》の別れをなし血の涙を流す（荒木村重一人の仕業によって、数多くの一門・親類が悲しい親子の別れをなし、血の涙を流した）〉と村重の行動を糾弾し、〈おびただしき御成敗、上古よりの初めなり（これほどの夥しい処刑は、上古以来、初めてのことであった）〉と憐《あわ》れみを包み込んで締めくくっている。

人質を見捨てた村重は、その後毛利氏を頼って落ちていったが、本能寺の変後、秀吉に出仕し、商人の娘を娶《めと》り、茶の湯三昧《ざんまい》の生活を送った。しかし、宣教師の記録によると、秀吉からも疎まれ、「妻と家を捨て、仏僧となって寺院に入った」という。またしても妻を捨てたのだろうか。

第四章　天下布武へ

大坂本願寺

野田、福島御陣

信長の最大の敵は、大坂本願寺だったといわれる。武田信玄《たけだしんげん》や上杉謙信《うえすぎけんしん》といった戦国時代を代表するような武将以上に厄介な存在であり、また異質な戦いでもあった。信長と本願寺の関係は、当初は友好関係だった。信長が永禄十年（一五六七）に美濃を平定した時、本願寺の顕如《けんにょ》は信長に対し「今度、濃州・勢州平均《へいぎん》のこと、比類なき次第なり」と祝意を表し、太刀などを贈った。上洛後の永禄十二年正月にも太刀や馬などを贈って誼を通じ、翌年正月にも年始の挨拶をするなど良好な関係が続いていた（『顕如上人文案』）。しかし、この年九月には、浅井《あざい》・朝倉《あさくら》、三好《みよし》氏らと連携し、信長に対して突如として反旗を翻す。

元亀元年（一五七〇）六月の姉川の戦いで勝利を得た信長は、上洛して義昭《よしあき》に報告し、一旦、岐阜に帰城した。態勢を整えた上で八月二十日、〈南方表《なんぽうおもて》御出勢（南方方面にご出馬）〉。

南方とは京都より南、この場合は、摂津の野田《のだ》、福島《ふくしま》のことである。永禄十一年（一五六八）九月の上洛戦では、京都を牛耳っていた三好勢は一旦撤退し、翌年早々、捲土重来を期して将軍御所を急襲したが、これまた敗退し、本国ともいうべき四国に戻っていた。三好勢の兵站《へいたん》基地ともいうべき阿波国《あわのくに》で主力を率いていた篠原長房《しのはらながふさ》が大軍を率いて渡海し、野田、福島の出城に籠城。管領細川《ほそかわ》家嫡流の細川六郎（信良《のぶよし》）を推戴し、三好三人衆の三好長逸《ながやす》、三好家の長老三好康長《やすなが》ら三好軍が主体となって六千人ほどが籠城した。また、永禄十年に稲葉山城を逐《お》われていた斎藤龍興《さいとうたつおき》主従も加わっていた。

信長は、先陣に敵城を攻囲するかたちで在陣させ、信長自身は天王寺《てんのうじ》に陣取りした。本陣には近隣から〈異国、本朝の珍物を捧げ、お礼申さるる仁、御陣取り見物の者、群衆をなすことに候（異国や日本の珍物をもってお礼の挨拶をする人や、陣取りを見物する者など群衆を成すほどとなった）〉という賑わいを見せていた。楽勝ムードが高まっていただろう。九月三日には将軍義昭も中島《なかじま》に動座してきた。義昭は姉川の戦いに際しても出陣を予定していたが、諸般の事情で参陣できず、今回の出陣に意欲を見せていた。将軍権威の見せどころでもあった。

少し意外かもしれないが、この時は将軍の親征ということもあり、後年敵対する雑賀衆《さいかしゅう》をはじめ、根来衆《ねごろしゅう》、湯川衆《ゆかわしゅう》らも二万人を率いて参陣していた。牛一は〈鉄炮三千挺これある由に候（中略）日夜天地も響くばかりに候（鉄砲三千挺を保有しているとのことである（中略」日夜、天地も響くばかりの銃撃戦となった）〉と書き留めている。将軍が親征し、信長が大軍を率い、雑賀衆らの鉄砲隊も加えたことで、三好軍からは有力者が内通してくるなど戦いを有利に進めていた。三好三人衆の一人三好長逸も野村《のむら》越中守（元常《もとつね》）の弟伊賀（致弘《むねひろ》）に討ち取られていた（『埜邨《のむら》氏由来』）。

本願寺蜂起

落城寸前まで追いつめていたが、九月十二日、突如として本願寺が蜂起、形勢逆転し、攻守所を変えることになる。牛一は〈一揆蜂起候といえども、異なる仔細《しさい》なく候（本願寺が蜂起したが、とくに差し障ることもなかった）〉と記しているが、他の記録では織田軍は「仰天なり」と記されている。

信長軍は、三好勢が籠城した野田、福島を包囲していたが、本願寺側からみれば、本願寺を攻囲していると感じたのは当然だろう。三好軍が敗北すれば、〈大坂滅亡の儀を存知候か（本願寺は滅亡してしまう、と思ったのだろうか）〉と危機感を持った。

信長の戦略眼をもってすれば、本願寺の蜂起も十分予測できたと思うが、〈長袖（僧侶）〉として見くびっていたのかもしれない。本願寺側は、信長から繰り返し難題を突き付けられ、寺地の明け渡しも要求されたため、仕方なく蜂起したとしているが、そのままには信用できない。たしかに矢銭《やせん》（軍用金）を要求されはしたが、度重なる要求や寺地の明け渡し要求などは確認できない。一揆を蜂起させるための方便だろう。無理難題を突き付けていたとすれば、信長としても本願寺の蜂起を予測しただろう。本願寺の蜂起で形勢が逆転するかに見えたが、信長はあと一息で三好勢を殲滅《せんめつ》できると踏んで攻撃の手を緩めなかった。しかし、浅井・朝倉氏が京都に迫る勢いをみせたため、断腸の思いで撤退した。

その後、本願寺は、各地で一揆を蜂起させて織田軍を苦しめた。長嶋の一向一揆攻めは前後三回にわたって行われ、天正二年（一五七四）の殲滅戦では、信長の騙し討ちに激怒した一揆勢に信長本陣が急襲され、一門衆多数が犠牲になった。本願寺としては、長嶋の一揆が壊滅したことで衝撃が走り、「長嶋落居、言語道断」（『勝授寺《しょうじゅじ》文書』）と危機感を募らせた。

翌天正三年（一五七五）四月、信長はいよいよ本拠である大坂本願寺攻めに取り掛かり、本願寺と結んでいる三好方の拠点を攻略していった。本国の尾張、美濃に加え、五畿内、若狭、近江、伊勢、丹波、丹後、播磨、紀伊の根来衆などが参陣し、十万余騎に膨れ上がった。〈かように上下結構なる大軍見及ばざるの由にて、都鄙の貴賤、皆耳目を驚かすばかりなり（このように立派な大軍は今まで見たことがない、と都鄙の人々はみな驚くばかりだった）〉という大軍だった。信長自身が農作物を薙《な》ぎ捨てるなどのデモンストレーションを繰り広げて挑発した。

三好方の闘将、十河《そごう》因幡守と香西越後守《こうざいえちごのかみ》が大将となって堺の新堀《しんぼり》という出城に籠城していたが、一気に攻略した。香西越後守は生け捕りになり、縛られて信長の御前に引き出された。夜中のことでもあり、〈眼《まなこ》をすがめ、口を歪《ゆが》め（目を細めて睨《にら》み、口を歪め）〉て別人のふりをしたが、信長に見破られ、誅《ちゅう》された。追いつめられた高屋《たかや》城の三好康長は松井友閑《まついゆうかん》を通じて降伏し、赦免された。この時期、信長のお気に入りの武将の一人だった塙《はのう》（原田《はらだ》）直政《なおまさ》に命じ、高屋城をはじめ河内国内の城を破却させた。〈大坂一城落居幾程あるべからず（残るは大坂本願寺のみであり、落城するのも時間の問題である）〉と判断し、四月二十一日帰洛した。

後巻

信長の本願寺攻めは、前述のように元亀元年（一五七〇）九月から始まったが、結果的には、三回の和睦を挟み足掛け十一年の長きにわたる戦いとなった。本願寺は、長篠で武田が大敗し、越前の一向一揆も全滅させられたことで信長と和睦し、天正三年（一五七五）十月、信長は本願寺を「赦免」した。しかし、本願寺はまたぞろ、不穏な動きを始めていた。両者の平穏を破るのは、少なくとも表面上は常に本願寺側であり、信長は受け身である。本願寺の不穏な動きに対応し、翌天正四年五月三日、原田直政が総大将となって本願寺方の楼岸《ろうのきし》と木津《きづ》の間にある三津寺《みってら》を攻撃し、海上封鎖を狙った。本願寺勢は三津寺を救援するため楼岸砦から一万五千人ほどの軍勢が出撃し、弓・鉄砲数千挺を放ちかけたため、織田軍の先陣は崩壊してしまった。

総大将の原田直政が受け止めようと奮戦したが、〈猛勢に取り込められ（勇猛な軍勢に包囲され）〉、大将の直政以下一族や家臣の主だった者が多数討死し、織田軍は天王寺砦に追い詰められた。直政の率いた軍勢の数は不明だが、一万五千人の敵軍に数千挺の弓・鉄砲で攻撃されたのだから、堪《たま》らない。もともと直政は信長の馬廻出身であり、直率する兵力はわずかだった。山城、大和の国衆を率いたが、ここぞという時に当てになる軍勢ではなかった。当然、本願寺門徒も交じっており、「本願寺に弓は引けない」と空砲を撃つ兵もいたと伝わる。これでは勝てるわけがない。先陣があっけなく崩壊し、態勢を立て直すべく直政らは奮戦したが、猛勢には抗すべくもなかった。天王寺砦には明智光秀《あけちみつひで》、佐久間信栄《さくまのぶひで》（佐久間信盛《のぶもり》の嫡男）のほか、信長から検視役として派遣されていた猪子高就《いのこたかなり》、大津長昌《おおつながまさ》らも籠城したが、急ごしらえの天王寺砦では落城は時間の問題となっていた。

在京中だった信長は急報を得て出馬。〈五月五日、後詰《うしろづめ》として御馬を出だされ、明衣《ユカタビラ》の仕立て、わずか百騎ばかりにて若江《わかえ》に至って御参陣（五月五日、援軍として出馬し、湯帷子の身なりで、わずか百騎ほどを率いて若江に着陣した）〉。若き日の信長の雄姿が思い起こされるような迅速な行動だった。しかし、予想外の出陣であり、側近衆百人ほどを引き連れただけで救援に向かった。若江城で情報収集し、人数が揃うのを待っていたが、急なことで動員が間に合わず、大将クラスは揃ったものの兵卒の動員は遅れた。天王寺砦を見捨てれば、本願寺に勢いがつき、信長が気にする世間の評判も悪くなる。

足に銃弾を受ける

〈五月七日、御馬を寄せられ、一万五千ばかりの御敵に、僅《わず》か三千ばかりにて打ち向かわせられ、御人数三段に御備えなされ、住吉口《すみよしぐち》より掛からせらるる（五月七日、一万五千の敵軍に、わずか三千ほどで打ち向かい、軍勢を押し寄せ、軍勢を三段に分けて住吉口から攻撃させた）〉。劣勢で合戦に挑むのは、桶狭間の戦い以来といわれる。

先陣は、佐久間信盛、松永久秀《まつながひさひで》、細川藤孝《ふじたか》、および若江衆。第二陣は、滝川一益《たきがわかずます》、蜂屋頼隆《はちやよりたか》、羽柴秀吉《はしばひでよし》、丹羽長秀《にわながひで》、美濃三人衆。第三陣は信長の本陣、馬廻衆が固めた。信盛、一益、秀吉ら錚々《そうそう》たる武将が参陣したが、兵卒が揃わず、総勢は前述のように三千人程度だった。重臣らは自重を促したと思うが、信長の確乎《かっこ》たる意志は固かった。〈信長は先手の足軽に打ち交じらせられ駆け回り、ここかしこと御下知なされ、薄手を負わせられ、御足に鉄炮当たり申し候えども、されども天道照覧にて苦しからず。御敵数千挺の鉄炮をもって、放つこと降雨《フルアメ》のごとし。あい防ぐといえども、どっと懸り崩し一揆ども切り捨て天王寺へ駆け入り御一手にお成り候〈信長は先手の足軽に交じって戦場を駆け回り、あちらこちらで下知し、軽傷を負った。足に鉄砲が当たったが、天道が御覧になっており支障はなかった。敵軍は数千挺の鉄砲で雨のように撃ちかけて防戦したが、一斉に攻めかかって一揆勢を切り捨て、天王寺砦に駆け込んで籠城軍に合流した〉〉

戦場で負傷した記録はこれだけである。信長は自分も鉄砲に当たるという当然のことを改めて認識しただろう。天王寺砦を救援したが、敵勢は大軍であり、引き続き天王寺砦を包囲した。宿老衆は援軍が到着するまで籠城を勧めたが、〈今度間近く寄合わせ候こと、天の与うるところの由、御諚候て〈今回、至近距離で対峙したのは、天が与えてくれた好機である、と仰せられて〉〉寡勢をもって大軍をさらに追撃し、二千七百余の首を討ち取る大勝を挙げた。『信長公記』にはこのように記されているが、さすがに三千人で一万五千人、しかも弓・鉄砲を数千挺も揃えている敵勢を追い詰めることができただろうか。信長の武勇を神格化してはならない。他方、本願寺側の記録では信長が敗走したように記したものもあるが、これまた、そのままには信じられない。いずれにしても後詰そのものは成功したとみていいだろう。しかし、天正八年（一五八〇）に本願寺が屈服するまで足掛け五年にわたる長期戦となってしまった。

大坂退散のこと

天正四年（一五七六）から本格的な籠城戦が始まった。本願寺は、中国の毛利《もうり》氏と結び、与同勢力を拡大していった。同五年には本願寺を攻囲していた松永久秀・久通《ひさみち》父子が信長に謀反し（前述）、翌六年には荒木村重《あらきむらしげ》が内通してくるなど、本願寺が優位に立っているかに見えた。しかし、地力で勝る織田軍が徐々に形勢を逆転し、天正七年末には荒木氏が没落、翌八年正月には別所《べっしょ》氏が降伏するなど本願寺にも憂色が濃くなってきた。天正七年末から和睦への動きが始まり、本願寺は四囲の状況が悪化するなか、勅命講和を奉じるというかたちで和睦に応じた。〈大坂退城仕るべきの旨、忝《かたじけな》くも禁中より御勅使をなされ（大坂から退城するように、かたじけなくも禁中から勅使が派遣され）〉たことを受け、顕如以下の上層部が評定し、〈上下御一和尤《もっと》も（みなの者が和睦するのに同意）〉と受諾した。誓紙を交換し、七月二十日までに大坂を退去することが決まった。

しかし、顕如と、その後継者教如《きょうにょ》とが和睦をめぐって対立する事態が生じた。信長を信用できない教如に対し、顕如は厳しく説得を試みるも、戦争継続を望む雑賀衆らの後押しもあり教如は徹底抗戦の構えを崩さなかった。顕如は不測の事態に備え、退去期限の三か月以上前の四月九日には大坂の地を退去し、紀伊国の鷺森《さぎのもり》へ移った。教如の違約に激怒した信長は「信長時節か、若坊主（教如）果て候か」と強烈な覚悟を示した。七月二日には荒木方の最後の拠点だった花熊城が落城し、同十三日には大坂本願寺周辺の砦も陥落したことで教如も退去に応じることとなった。信長は教如に対し、八月十日以前に退去することなどを条件に起請文を遣わして赦免し、教如は八月二日、退去した。

牛一は、勅使や使者の名前を記したあと、〈そもそも大坂はおよそ日本一の境地なり（そもそも大坂という地は日本一の場所である）〉とし、軍事的に優れる大坂の立地条件を詳しく記し、難攻不落の所以を説明する。風景描写としても高く評価されている箇所である。元亀元年（一五七〇）の蜂起から説き起こし、天正四年（一五七六）の激戦から足掛け五年に及ぶ籠城戦、そして降伏までの経過を記す。

本願寺側は、退去後に信長が巡検することを見越し、きちんと後始末をして退去した。しかし、〈いよいよ時刻到来して、松明《たいまつ》の火に悪風来たって吹きかけ、余多の伽藍《がらん》一宇も残らず、夜日三日黒雲となって焼けぬ（とうとうその時が来て、暴風で松明の火が飛び移り、たくさんの伽藍が一宇も残さず、三日三晩、黒雲となって燃えてしまった）〉。

成立の古い写本（『古案』『諸方雑砕集《しょほうざっさいしゅう》』などに書写されている独立短編）には、〈四方より乱《らん》妨人《ぼうにん》ども馳せ寄り、追い散らし剝ぎ取ること、誠に目も当てられぬ次第なり。御奉行衆、口々御警固なされ候えども、数百の乱妨人どももあい支え、多勢に無勢、防ぎえず、その日の夜に入りて寺内へ乱入（四方から乱妨人どもが入り込んで荒らしまわり、目も当てられない惨状となった。奉行衆は諸口を警固していたが、数百の乱妨人どもが抵抗し、多勢に無勢、防ぐことができず、その日の夜には寺内へ乱入した〉とやや詳しく記されており、この乱妨人どもによって本願寺が焼失したのだろう。本願寺を無傷で手に入れようと思っていた信長は、激怒し、本願寺攻めの総大将だった佐久間信盛を追放することになる（後述）。

佐久間信盛の追放

信長に反論

佐久間信盛《のぶもり》は、柴田勝家《かついえ》と並び、織田軍の両総督ともいうべき存在だった。信長の家督相続時から信長を支え続け、信長の信頼も厚かった。信長からの評価が落ちる切っ掛けとなったのは、武田信玄との三方ヶ原の戦いにおける失態だった。徳川家康の援軍として派遣されながら、何らの武功を挙げることなく、あろうことか一緒に派遣された平手汎秀《ひらてひろひで》を見殺しにし、自らはもちろん家臣も討死させることなく、無傷で帰陣したことだった。さらに拍車を掛けたのが、翌天正元年(一五七三)の朝倉軍追撃時の失態を信長から譴責されながら抗弁したことだった。

〈逃し候わぬように覚悟仕るべきの旨、再往再三仰せ遣わさる(朝倉軍を逃さないように、その心構えをしておくように何度も命令を出された)〉。信長には義景の優柔不断な性格なら撤退するという自信があったのだろう。信長は麾下の武将の追撃を今か今かと待っていたが、かれらは油断していたため見逃し、信長は〈御いらでなされ（苛立って）〉自ら先陣を駆けた（前述）。

驚いたのは先陣を命じられていた諸将。信長が先陣を切ったと聞いて慌てて追いかけ、地蔵山を越えたところで追いついた。激怒した信長は〈数度、仰せ含められ候に見合わせ候段、各《おのおの》手前の比興曲事《くせごと》の由御諚候（数回、命令していたにもかかわらず躊躇《ちゅうちょ》したのは各自の失態であり、命令違反である、と仰せられた）〉。柴田勝家、滝川一益《かずます》、丹羽長秀《ながひで》、羽柴秀吉らは面目ない旨を謹んで申し上げたが、ただ一人信盛のみが〈涙を流し、さように仰せられ候とも、われわれほどの内の者は持たれ間敷《まじく》、と自讃を申され候（涙を流し、そのように仰せられても、われわれほどの家臣はなかなか持つことはできないのではないでしょうか、と自慢を申し上げた）〉。火に油を注いだかたちになった。〈御腹立ち斜めならず（中略）何をもってのこと、片腹痛き申しようかな、と仰せられ、御機嫌悪く候（激怒され〔中略〕どれほどの実績があって言っているのか笑止千万である、と仰せられ、御機嫌が悪くなった）〉。戦場で気が立っている時でもあり、タイミングが悪かった。後年、信盛は追放されるが、その譴責状の中に、この時の抗弁も糾弾されている（後述）。

信長の心証を悪くした信盛だったが、その後も重用された。信長の嫡男信忠《のぶただ》の家老的な役割を受け持っていたようだが、天正四年（一五七六）五月、本願寺攻めの主将の原田直政《なおまさ》が討死したため本願寺攻めの総大将に抜擢され、信忠の家老職から離れた。本願寺攻めに際して、信盛は自分の直臣のほか、信長から七か国にわたって与力を付けられ、織田家最大の軍団を擁するまでになっていた。しかし、足掛け五年間も大坂本願寺を攻囲し続けたが、攻略することができなかった。

追　放

天正八年（一五八〇）、信長は勅命講和によって本願寺を赦免し、最後まで抵抗した教如も八月二日に退去したことで同月十五日（『信長公記』は十二日だが、『兼見卿記』には十五日未明に発足したと記している）、京都から下向し、大坂本願寺へ向かった。途中、検校《けんぎょう》の地位を不正に手に入れた常見《つねみ》検校からの罰金で建設した宇治橋《うじばし》を見物し、舟で大坂へ向かった。本願寺の焼け跡を見た信長は、これに激怒したものか、重臣の信盛に対し、自筆で折檻状を認《したた》めた。十七か条（「追加」の二か条を含めると十九か条）からなる長文だが、認めている間に怒りが込み上げてきたような文面である。『信長公記』以外の史料にも写しが伝わっており、公開されたと思われる。『信長公記』の日付は〈天正八年八月　日〉と日にちが特定できないが、八月十三日付、同二十二日付、同二十五日付の写しも存在する。

〈覚〉と題し、第一条は〈父子五か年在城のうちに、善悪の働きこれなき段、世間の不審余儀なし。われわれも思い当たり、言葉にも述べがたきこと（佐久間信盛・信栄《のぶひで》父子は天正四年から足掛け五年間、天王寺砦に在城して大坂本願寺を攻囲していたが、この間にこれといった戦功がないのは世間から不審に思われても当然のことである。信長も思い当たることがあり、言葉にもならないほどである）〉と始まり、父子を糾弾する。さらに信長は畳み掛ける。

信盛父子の〈心持（心構え）〉について、〈大坂大敵と存じ、武辺にも構えず、調儀・調略の道にも立ち入らず、ただ居城の砦を丈夫に構え、幾年も送り候えば、かの相手長袖のことに候間、ゆくゆくは信長威光をもって退くべく候条、さて遠慮を加え候か（大坂本願寺を大敵と思って攻撃せず、かといって策略・計略を廻らせることもせず、砦を強固にして数年をやり過ごせば、相手は僧侶のことであり、ゆくゆくは信長の武威に恐れて退去するだろうと思って何もしなかったのか）〉と推量する。

続けて〈ただし、武者道の儀は格別たるべし。かようの折節、勝ち負けを分別せしめ、一戦を遂ぐれば、信長ため、且《かつう》は父子ため、諸卒苦労をも遁《のが》れ、誠に本意たるべきに、一筋に存《ぞんじ》詰むること、分別もなく、未練疑いなきこと（しかし、武士というのはそういうものではない。このような時節であれば、勝ち負けを弁《わきま》えて一戦すれば信長のためになり、またその方ら父子のためにもなり、家臣も苦労せずに済み、望み通りになったのに、ひたすら攻囲を続けたのは、分別もなく、未練がましいことである)〉。

光秀、秀吉、恒興、勝家を褒賞

たしかに信長が指弾したように、信盛が力攻めをしたという記録は確認できない。また、諸将が各地で苦戦している間、茶の湯に時を過ごしている姿も見られる。もちろん、信盛は本願寺攻めだけに専念していたわけではなく、天正五年(一五七七)二月の雑賀攻め、同年十月の信貴山城攻め、翌六年の播磨攻めなどに参陣し、荒木村重《むらしげ》が謀反した時には翻意を促す使者の役割も果たしていた。この信盛の働きをどう評価するかだが、次の第三条、第四条で信長の評価がわかる。明智光秀《みつひで》の丹波平定は〈天下の面目を施し候(天下に武功を示した)〉と絶賛。次いで、羽柴秀吉は数か国を平定し〈比類なし〉と褒める。乳兄弟の池田《いけだ》恒興《つねおき》は、分限が小さかった(〈小身〉)にもかかわらず、荒木方の最後の拠点である花熊城を攻略し、〈これまた天下の覚えを取る(恒興もまた天下に武勇を示した)〉と具体例を示し、諸将のこうした働きを見て、なぜ〈一廉の働き(ひときわ目立つ活躍)〉をしようとしなかったのか、と難詰する。

光秀が最初に褒賞されていることから、信長は光秀の武功が一番と認識していたと理解される向きもあるが、そうではなく、この箇所は信長流のレトリックである。数か国を平定した秀吉を最初に褒めれば、武功の序列がおのずと決まってしまう。そうしたことも踏まえた上での褒賞である。家臣を褒めるにしても気遣いの感じられる、見事な言い回しである。

信盛に匹敵する織田家の重鎮である柴田勝家に対しては、〈一国を存知ながら、天下の取沙汰迷惑について、この春賀州に至り、一国平均《へいぎん》に申し付くる（越前一国を支配していたが、かれらの活躍を聞いて、世間の評判を気にかけ、この春加賀へ侵攻して平定した）〉と褒賞しつつ、本来、信盛がなすべき働きを嚙んで含めるように示唆する。

次の第五条を見ると、信長を激怒させた理由がわかる。武力に自信がないのなら調略を仕掛ければいいことであるし、どうしていいかわからなければ、相談に来ればいいものを〈五か年一度も申し越さざるの儀、油断曲事のこと（五年間に一度も状況報告に来なかったのは油断であり、怠慢である）〉。秀吉のように、「上意」（信長の意）を伺うために相談に来ればいいものを、五年間、何の音沙汰もなしに、のんべんだらりと本願寺を攻囲していたのが許せなかったのだろう。実際には目付《めつけ》も派遣されており、情報交換はしていたと思うが、直接「お伺いを立てる」という行為をしなかったのかもしれない。

七条目は、〈信長家中にては、進退格別に候か（信長の家臣の中では特別待遇を与えていたではないか）〉とし、七か国に跨《またが》る与力と自分の家臣を加えれば〈何たる一戦を遂げ候とも、さのみ落度を取るべからざるのこと（どんな相手とひと勝負しても、それほどの敗戦をすることはなかったはずである）〉と信盛の不甲斐なさを追及する。

十一条目には、天正元年（一五七三）の口答えが記されている。信盛は命令違反を謝罪するどころか自らの武功を誇って信長に諫言し、さらには座敷を立ち破るなど信長の面目を失わせた。〈その口ほどもなく、長々この面にこれあり、比興の働き、前代未聞のこと（自慢した口ほどもなく、長々と在陣しながら、取るに足りない戦いぶりは前代未聞のことである）〉と激しく罵倒《ばとう》。十二条目は信栄への糾弾である。〈甚九郎覚悟条々書き並べ候えば、筆にも墨にも述べがたきこと（信栄の心構えをいちいち書き並べれば、書き尽くせないほどである）〉。最悪の評価である。

このあとの条については怒りが込み上げてきたような文面である。信盛の武将としての力量不足はもちろんだが、人格そのものを否定するような性格論にまで踏み込んでおり、誰も信盛・信栄父子を庇うことはできなかっただろう。〈遠国へ退出すべき趣き仰せ出ださる。取るものも取り敢えず、高野山へ登られ候（遠国へ出ていくように命令を出された。取るものも取り敢えず、佐久間父子は高野山へ登った）〉。ひとまず高野山へ登ったが、信長はそれすら許さず、佐久間父子は「紀伊熊野の奥、足に任せて逐電」した。信長は「久しく召し使う者候間、一旦助命候（長い間、召し使っていた者なので、一旦は命を助けた）」としながらも追及は厳しく、「忍びにても罷《まか》り上り候儀、これあらば、見合わせ討ち果たすべし」（『秀吉公信長公朱印写』）と厳命した。

追放後、信盛の与力だった、梶川《かじかわ》弥三郎（高盛《たかもり》）、同五左衛門（秀盛《ひでもり》）、嶋《しま》又左衛門尉（信《のぶ》重《しげ》）、佐久間五平次らは信長の直臣に召し出された。

帰洛した信長は、信盛父子に続いて、一番家老の林秀貞《はやしひでさだ》、安東守就《あんどうもりなり》父子、丹羽氏勝《うじかつ》ら古くからの家臣も突然追放した。理由は〈先年、信長公ご迷惑の折節、野心を含み申すの故なり（先年、信長公が危機に陥っていた時、野心を抱いたからである）〉。本願寺を屈服させたことで今後の平定戦に自信を持ち、長年我慢しながらも使ってきた旧臣をまとめて追放した。

信盛は追放処分が心身ともに堪《こた》えたものか、翌年、病死した。これを知った信長は〈不憫に思召され候か（不憫に思われたものか）〉、嫡男の信栄を赦免し、信忠付として復帰させた。

京都馬揃え

爆竹

天正九年（一五八一）の元日は、他国衆の出仕は免除し、安土在住の馬廻衆だけに年始挨拶するように指示していたが、夜中から雨が降り続いたことで年始挨拶は取り止めとなった。この代わりかどうかわからないが、元日から奉行に命じて安土城の北側、湖畔に面した場所に馬場を築くように命令。正月八日には、近江衆に対し、来たる十五日に爆竹《さぎっちょう》（左義長）をするのでその用意をして罷り出るように指示した。

当日の馬場入りは、小姓衆がトップに入り、続いて信長が入場。〈黒き南蛮笠《なんばんがさ》を召し、御《おん》眉《まゆ》を召され、赤き色の御ほうこうを召され、唐錦の御側次《おんそばつぎ》、虎皮の御行縢《おんむかばき》。葦毛《あしげ》の御馬、優れたる早馬、飛鳥のごとくなり（信長の行装は、黒い南蛮笠を着し、眉を書き、赤色の布袴《ぬのばかま》〔括《くく》り袴〕を召し、唐錦の側次〔袖のない衣類〕、虎皮の行縢〔乗馬時に両足を覆う毛皮〕という出で立ちで、飛ぶ鳥のように速く走る葦毛の駿馬に乗馬していた)〉。このころ、信長と親密さを増していた前関白の近衛前久《このえさきひさ》や旧幕臣の伊勢兵庫頭《いせひょうごのかみ》(貞為《さだため》)も加わった。一門衆では、信雄《のぶかつ》、信包《のぶかぬ》、信孝《のぶたか》、長益《ながます》、信澄《のぶずみ》が参加。嫡男信忠《のぶただ》は、武田勝頼《かつより》が遠江の高天神城を救援するとの風聞に対応し、岐阜城から清洲城まで出陣して様子を見ていたため参加できなかった。

このほか、主だった衆も思い思いの装束を凝らして参加し、早馬を十騎、二十騎と駆けさせた。そのあと、爆竹に火をつけて囃し立てて馬を疾駆させ、町まで乗り出した。〈見物群衆を成し、御結構の次第、貴賤耳目を驚かし申すなり(見物人が大勢集まり、その見事な様子は、貴賤ともに耳目を驚かせるものであった)〉

明智光秀《みつひで》は不参加だったようだが、信長に爆竹諸道具を用意して贈り、「細々の心掛け神妙候」と褒められている。参加した近衛前久は京都に戻ってから安土での爆竹のイベントの面白さを語ったのだろう。京都でも馬揃えの開催を望む声があり、信長は正月二十三日、朱印状をもって明智光秀に京都での馬揃えの奉行を命じた。この朱印状の写しがいくつか伝わっているが、多少文言に異同がある。分国中にも朱印状で触れを出す力の入れようだった。

馬揃え

この馬揃えについては、正親町《おおぎまち》天皇との軋轢《あつれき》、すなわち、信長からの譲位要請に応じない正親町天皇に対し、軍事パレードをすることで威圧を加えたという説があったが、最近では信長と朝廷とは融和関係にあり、馬揃えの開催はむしろ朝廷側が望んだものという見方が強い。前年に誠仁《さねひと》親王の生母が没し、朝廷内では当然ながら沈滞ムードがあり、誠仁親王を元気づけようとしたのではないかという説もある。馬揃えの日程も忌明け後であり、その説を補強する。ただし、政治的な思惑があったとしても親王を慰めるためだけに馬揃えをするほど信長がお人好しだったとは思えない。まず、「馬揃えありき」で、忌中に派手な催事ができないため忌明けに実施したものだろう。光秀に宛てた朱印状には、その目的として「馬を乗り遊ぶべく候、自然若やぎ」とあり、祭り好きの信長が、前年に本願寺を屈服させたことで五畿内の平定が成り、天下泰平を謳歌《おうか》するデモンストレーションとして開催したのだろう。〈二月二十八日、五畿内隣国の大名・小名・御家人を召し寄せられ、駿馬を集め、天下において御馬揃えをなされ、聖王へ御叡覧《ごえいらん》に備えられ訖《おわんぬ》（二月二十八日、五畿内、および隣国から大名・小名・直臣を呼び寄せ、駿馬を集めて京都で馬揃えを挙行され、正親町天皇に上覧いただいた）〉。前述の光秀宛の朱印状では参加者が指名されている。

これによると、畿内の直臣衆、公家の陣参衆《じんさんしゅう》、旧幕臣衆のうち信長から扶持を与えられている者や上山城衆《かみやましろしゅう》、また、摂津国では高山右近《たかやまうこん》、中川清秀《きよひで》・秀政《ひでまさ》父子、池田元助《もとすけ》・輝政《てるまさ》兄弟、多田衆《ただしゅう》では塩川勘十郎《しおかわかんじゅうろう》、同橘大夫《きちだゆう》、河内国では多羅尾光俊《たらおみつとし》父子三人、池田教正《のりまさ》、野間長前《まながさき》。三好康長《やすなが》は阿波国への出陣を命じているので参加は免除するが、参加したいのなら参加してもよいと指示している。和泉国では、寺田生家《てらだなりいえ》、沼間任世《ぬまにんせい》、同孫（孫兵衛か）、そのほかの直臣衆や根来寺衆。本願寺退去後の定番に入っていた丹羽長秀《ながひで》、蜂屋頼隆《よりたか》。若狭国は、武田元明《もとあき》以下、内藤《ないとう》、熊谷《くまがい》、粟屋《あわや》、逸見《へんみ》、山県《やまがた》の諸氏に対し長秀から指示を出させた。丹後国は細川藤孝《ふじたか》父子三人と守護家の一色《いっしき》五郎（満信《みつのぶ》）。ただし、藤孝には参加してもしなくてもいいと判断を委ねている。写しなので漏れているところもあり、大和衆には触れていない。

正親町天皇、激賞

会場は上京の禁裏の東に南北八町（九〇〇メートル弱）の規模で馬場を用意し、仮設ながら絢爛豪華な会場に設《しつら》えた。信長は午前八時ごろ、下京本能寺を出発し、室町通りを上がり、一条を東へ馬場入りした。式次第は、一番が丹羽長秀（若狭衆、摂津衆、西岡《にしのおか》の革島《かわしま》氏）、二番は蜂屋頼隆（河内衆、和泉衆、および根来寺衆のうち大ケ塚《だいがつか》、佐野衆《さのしゅう》）、三番は明智光秀（大和、上山城衆）、四番は村井貞成《むらいさだなり》（根来寺衆、上山城衆）の順だった。

連枝衆は、嫡男信忠が八十騎を率い、美濃衆、尾張衆が扈従《こじゅう》。次男の信雄《のぶかつ》は三十騎で伊勢衆を率いた。実弟の信包、三男の信孝、甥の信澄はともに十騎を率いた。これで一族の序列がわかる。このほかの連枝衆は単騎で参加したようである。

公家衆は近衛前久を筆頭に五人が記され、武家は名門の細川信良《のぶよし》以下の旧幕臣衆らが記載されている。池田本には細川藤孝父子三人〈長岡《ながおか》兵部大夫殿・同与市郎殿・同頓五郎（細川藤孝・忠興《ただおき》・興元《おきもと》）〉が記されているが、牛一とは異筆の追記であり、敬称の「殿」が付され、しかも公家衆の箇所に記述されているので、信用できない（実際に参加したかどうかは別）。

馬廻衆や小姓衆は十五騎ずつ行進した。また、柴田勝家《かついえ》、同勝豊《かつとよ》、同勝政《かつまさ》、不破《ふわ》直光《なおみつ》、前《まえ》田《だ》利家《としいえ》、金森《かなもり》長近《ながちか》、原《はら》政茂《まさしげ》らの越前衆も参加した。弓衆も百人が参加し、平井《ひらい》長康《ながやす》、中野《なかの》一《かず》安《やす》の二人が率いた。右筆の武井《たけい》夕庵《せきあん》は山姥《やまうば》の姿となり、堺政所の松井友閑《ゆうかん》らの長老衆も参加した。

牛一は信長の装束を詳しく記す。〈昔、唐土《もろこし》か天竺《てんじく》にて、天子・帝王の御用に織りたる（昔、中国か天竺で天子・帝王のために織られた）〉金紗《きんしゃ》や、細川忠興が都中を探し求めて進上した蜀江《しょっこう》の錦の御小袖などを纏《まと》った。

十五騎ずつ一組になって駿馬を疾駆させたが、そのうち三組、四組が一緒になって〈入り違え〳〵隙間なく（中略）乗り回し、辰刻《たつのこく》より未《ひつじのこく》 刻まで召させられ、駿馬の集まり記し難し（入れ替わり入れ替わり隙間もなく〔中略〕乗り回し、午前八時ごろから午後二時ごろまで疾駆させた。たくさんの駿馬が集まり、書き記せないほどであった）〉というほどの賑わいとなった。

〈十二人の御勅使をもって、かほど面白き御遊興天子御叡覧、御歓喜斜めならざるの旨、忝《かたじけな》くも御綸言《ごりんげん》。しかしながら、信長御面目挙げて計《かぞ》うべからず（正親町天皇は十二人の勅使を派遣し、「これほどの面白い遊興を見ることができて非常に喜んでいる」とありがたくも信長に伝えられた。信長の名誉はいちいち書き尽くせないほどだった）〉と称賛し、〈千秋万歳《せんしゅうばんぜい》珍重々々（たいへんめでたいことであった）〉と最大限の祝意で結んでいる。正親町天皇はよほど面白かったと見えて、信長に再度の開催をリクエストした。信長は、三月五日に規模を縮小して開催し、要望に応えた。

京都馬揃えに比べてあまり取り上げられることはないが、この年八月一日には安土でも馬揃えを実施している。五畿内近国の諸将を安土に呼び寄せて挙行し、近衛前久や信長の一門衆らが参加した。〈見物夥しき御事なり（ものすごい見物人が押し寄せた催事だった）〉。また、信長からの勘気が解けた信忠も同月十二日、尾張・美濃の諸侍を岐阜に呼び寄せ、長良川の河川敷に馬場を構築し、馬揃えのような軍事調練を行っている。

武田氏滅亡

木曽義昌内通

〈二月朔日、信州木曽義昌《きそよしまさ》、御味方の色を立てられ候間、御人数出だされ候ように、と苗木《なえき》久兵衛《きゅうべえ》御調略の御使い申すについて、三位中将信忠《のぶただ》卿へ言上のところ、時日を移さず、平《ひら》野勘右衛門《のかんえもん》を以って信長公へ右趣き仰せ上られ候（二月一日、信州の木曽義昌が武田氏から織田氏に寝返るので軍勢を出して欲しい、と内通を取り次いだ遠山友忠《とおやまともただ》が信忠に申し上げたところ、すぐさま平野勘右衛門を使者として信長公へこの旨をご報告された）〉

天正十年（一五八二）二月一日に木曽義昌（木曽谷《きそだに》領主）が内通してきたようにも読めるが、信忠を経由して義昌内応の情報が信長に届いたのが、二月一日だったと思われる。翌二日には、早くも武田勝頼《かつより》が義昌の謀反を知り、新府城から一万五千の軍勢を率いて諏訪の上原《うえはら》まで出陣したと記されており、謀反はもっと早い段階から進んでいた。その証拠に、信長は三日には陣触《じんぶれ》し、同日、信忠は尾張、美濃衆を先発隊として木曽口、岩村口に出陣させている。動員スピードが速いといわれる織田軍としても速過ぎよう。史料的価値は下がるが、『高遠《たかとお》記《き》集成』など武田側の史料によると、前年十二月には織田方に内応を打診している。『甲乱《こうらん》記《き》』を見ても天正十年正月以前から信長に内通していたようである。また、武田攻めの先鋒を務めた滝川一益《かずます》の天正九年と推測される十月十三日付の奥平《おくだいら》喜八郎宛書状などを見ると、武田攻めの準備として奥三河から信濃方面にかけて地ならしをしていたことがわかる。高天神城の降伏を認めなかったのも、天正九年正月の時点でここ一、二年のうちには駿河、甲州へ出馬予定しており、早い段階から調略も含めて下工作を進めていたからだろう（『水野文書』）。

　信長は武田攻めにあたり二月九日付で十一か条から成る指令書を認《したた》め、参陣すべき者や在国して留守を固める者などを具体的に記し、最後に、遠征となるので人数を少なくして兵粮が続くように指示を加えている。先鋒の信忠は二月十二日に出陣し、十四日には岩村に着陣。信長は滝川一益、河尻秀隆《かわじりひでたか》、毛利長秀《ながひで》、水野守隆《みずのもりたか》、同忠重《ただしげ》を派遣して信忠を後見させた。とくに一益、秀隆には軍監として信忠を輔弼《ほひつ》する役目を与えた。駿河口からは徳川家康、関東口からは北条氏政《ほうじょううじまさ》、飛驒口からは金森長近《ながちか》、伊奈口《いなぐち》からは信長父子というように四方から武田領国へ侵攻するように指示を下した。

織田の大軍に恐れをなし、武田方からの内応が相次ぎ、信忠軍は快進撃を続けた。領民は勝頼の苛斂誅求《かれんちゅうきゅう》を恨み〈信長の御分国に仕りたし、と諸人願い存ずるみぎりに候間、この時を幸いと、上下御手合わせの御忠節仕り候（信長の領国になりたいと諸人が願っていたところなので、これを好機として、みなの者が織田軍に協力して味方した）〉。

勝頼父子自害

前述（「嫡男・信忠」）したように、勝頼は実弟の仁科信盛《にしなのぶもり》が守備する高遠城でしばらくの間は織田軍を食い止めることを期待していたが、わずか一日で落城し、さらに新府城へ向かって織田軍が進軍しているという情報が入ると、一門衆や家老衆は未完成の新府城では防戦は不可能と悟り、〈軍の手立ては一切これなく（全く籠城作戦を練ることもなく）〉、逃亡するありさまとなった。

〈三月三日卯刻《うのこく》、新府の館に火を懸け、世上の人質余多《あまた》これあり、焼き籠めにして罷り退かれ候（三月三日午前六時ごろ、新府城に放火し、近隣から徴集していた数多くの人質を閉じ込めたまま焼き殺して退去した）〉。ここでも惨劇が繰り広げられた。

前年十二月二十四日、信玄の居城でもあった躑躅ヶ崎館《つつじがさきやかた》から新府城へ移転した時は煌《きら》びやかな行列を組んでいたが、今回の退去では女房衆は輿《こし》もなく裸足《はだし》での移動を余儀なくされ、

〈落人《おちうど》の哀れさ、なかなか目も当てられぬ次第なり（落人となった哀れさは、とても見ていられない様子だった）〉。勝頼は、重臣の小山田《おやまだ》信茂《のぶしげ》の進言に従い、信茂の居城に向かったが、信茂に裏切られた。新府城を退去した時には、侍分五、六百人が付き従っていたが、次第に逃げ散り、忠義を尽くしたのはたった四十一人にまで減っていた。勝頼一行は、田子《たご》で陣屋を作って居陣したが、ついに武田家滅亡の時が到来した。

三月十一日、滝川軍に追い詰められた勝頼一行は、最後を飾る防戦をみせた。牛一は、勝頼の若衆土屋《つちや》昌恒《まさつね》と、勝頼の嫡男信勝《のぶかつ》（十六歳）の活躍を特筆する。信勝は、〈家の名を惜しみ、おとなしくも切ってまわり、手前、比類なき働きなり（名門武田家の家名を汚さないように、しおらしくも切ってまわり、敵味方の見ている前で、比類ない武勇を示した）〉と称える。勝頼父子の首は、信忠を経由して信長の実検に供され、京都で獄門に晒された。牛一は信虎《のぶとら》、信玄、勝頼三代の因果を説き、〈噫《ああ》哀れなる勝頼哉《かな》（なんとも哀れな勝頼であることよ）〉と憐れむ。

勝頼父子が討死した三月十一日、信長はまだ東美濃の岩村に着陣したばかりだった。勝頼父子の討死を知った信長は、三月十三日付で柴田勝家・佐々《さっさ》成政《なりまさ》・前田利家《としいえ》・不破直光《なおみつ》に宛てた朱印状で「武田四郎勝頼、武田太郎信勝、武田典厩《てんきゅう》（信豊《のぶとよ》）、小山田（信茂）、長坂釣《ながさかちょう》竿《かん》（釣閑斎光堅《こうけん》）初めとして、家老の者ことごとく討ち果たし、駿（駿河）・甲（甲斐）・信

（信濃）滞りなく一篇に仰せつけられ候間、機（気）遣いあるべからず候。飛脚見及び候間、申し達すべく候。その表のこと、これまた存分たるべきこと勿論《もちろん》なり」と満足気に伝えている。文中に「気遣い」とあるのは、信長父子が信州で勝頼に討ち取られたというデマが、勝家軍が侵攻している越中にまで届いていたことを指している。勝家らは心配して信長に問い合わせてきたため、信長が気遣い無用と回答し、併せて武田家の滅亡を報せたものである。

三月二十日には、今回の武田攻めの切っ掛けを作った木曽義昌が出仕し、駿馬二頭を進上。信長は引見して名刀を下賜し、あわせて黄金百枚、新知として信濃のうち二郡を与えた。義昌の退座にあたり、信長は立って縁まで送った。降将ともいえる義昌に対し破格の待遇であり、〈冥加の至りなり（まことにありがたいことであった）〉と記す。この日の晩には、穴山梅雪《あなやまばいせつ》、小笠原信嶺《おがさわらのぶみね》らも出仕し、駿馬を進上し、本領を安堵された。

凱旋

武田攻めにおける信長の主な動きを確認してみよう。

先陣は二月三日に出陣したが、信長が安土を出馬したのは一か月後の三月五日。翌六日に岐阜城に入り、雨天のため逗留《とうりゅう》し、八日に岐阜を出発した。十一日岩村、十八日高遠、十九日上諏訪に着陣。翌二十日、上諏訪で降将や北条氏の使者などと対面し、二十九日、知行割を公表した。

甲斐国は、穴山梅雪の旧領を除き、長年信忠の家老として支えてきた河尻秀隆に与えた。梅雪の旧領分の替地《かえち》として信濃国諏訪郡も下賜した。駿河国は徳川家康。かつては同盟関係だったが、このころには家臣に準じる立場になっており、信長から駿河国を拝領する関係になっていた。上野国、および信濃国の小県・佐久の二郡は、武田攻め一番の功労者である滝川一益が拝領。信濃国は、高井《たかい》・水内《みのち》・更科《さらしな》・埴科《はにしな》の四郡は森長可《ながよし》、木曽義昌には本領の二郡に加え、安曇《あずみ》・筑摩《ちくま》の二郡を新知として与えた。伊奈《いな》郡は毛利長秀が拝領。岩村は団忠正《だんただまさ》、金山《かねやま》、米田島《よなだじま》は森成利《なりとし》（乱）が拝領した。成利自身に功績はなかったが、兄長可の戦功によるものであった。

信長の出陣を待たずして武田家が滅びたため、信長は富士山などを見物しながら行軍。四月二日は雨天だったが予定通り移陣し、翌三日には富士山を眺めた。〈山あいより名山、これぞと見えし富士の山、煌々《こうこう》と雪積もり、誠に殊勝面白きありさま、各《おのおの》見物、耳目を驚かし申すなり（山あいから、これぞ名山といわれる富士山が見え、雪が積もって光り輝いていた。格別に風情のある景色をみなの者も見物し、感嘆した）〉と牛一は綴る。信長は、新府城の焼け跡を見たあと、信玄の居城だった躑躅ヶ崎館にも立ち寄った。信忠は、信玄の館に仮御殿を普請して信長を迎えた。十日まで滞在して東国の施政方針を指示し、甲府を出立した。途中、名所旧跡を見物しながら物見遊山で帰国した。安土に帰城したのは四月二十一日であり、十日余りを使って帰国したことになる。この間、信長への接待が詳しく記されており、信長の上機嫌ぶりが伝わってくる。

凱旋途上では、信長の通る道路を整備し、河川には架橋したり、船橋を懸けるなどの念の入れようだった。各地の領主が信長の御座所を普請し、その接待に意を尽くした。これには信長も〈奇特と御感なされ候き（殊勝なことであると御満足なされた）〉。

いまや東国の強敵武田氏を滅ぼし、越後の上杉氏も滅亡寸前まで追いつめ、関東の雄北条氏は信長の意を汲《く》むことに汲々《きゅうきゅう》としているありさまであり、東北の大小名も伊達《だて》家をはじめ誼を通じてきており、東国の平定はなったも同然と認識していただろう。残るは中国の毛利氏と、四国の長《ちょう》宗我部《そかべ》氏だが、勝敗の帰趨は決しており、あとはどのように国分けするかという段階になっていた。九州も、大友《おおとも》氏、島津《しまづ》氏の有力大名は帰属したに等しい状況になっていた。また、九州を三分する勢いとなっていた龍造寺《りゅうぞうじ》氏も誼を通じてきていたようである（『鍋島《なべしま》文書』）。この凱旋は、結果的には信長の絶頂期となった。

なお、凱旋最終日となった四月二十一日、美濃垂井《たるい》で饗応した人物について、活字本では「ごぼう殿」となっていることから「御坊」と理解し、信長の子息信房《のぶふさ》（系図類では勝長《かつなが》）に比定する説があるが、自筆本を見ると〈こぼら殿〉とあり、信長の子息小洞信高《のぶたか》のことである。

この間、恵林寺《えりんじ》の焼き討ちという悲劇もあった。信長に敵対した佐々木《ささき》次郎（六角承禎《ろっかくじょうてい》の子供）を匿《かくま》ったという罪だった。国師号を得ていた快川紹喜《かいせんじょうき》らの長老衆をはじめ寺中の老若が焼き殺された。〈快川長老はちとも騒がず、座に直りたるまま働かず（快川紹喜は少しも騒がず、着座したままじっとしていた）〉。人口に膾炙しているように、泰然自若たる様子が記されている。

武田氏は、信長に敵対した武将を匿っており、佐々木次郎のほかにも、若狭の武田五郎、尾濃の牢人衆では、美濃守護だった土岐頼芸《ときよりのり》、主家筋の岩倉織田家の者や姉婿の織田信清《のぶきよ》らが小屋に蟄居《ちっきょ》していた。佐々木次郎や武田五郎は処刑されたが、尾濃の牢人衆の中には助命された者もいた。

本能寺の変

西国攻め

不倶戴天《ふぐたいてん》の敵である武田氏を滅ぼした信長は、いよいよ西国攻めのために出馬する。四国攻めについては三男の信孝《のぶたか》を総大将に、腹心の丹羽長秀《ながひで》、蜂屋頼隆《よりたか》らに補佐を命じた。北伊勢の神戸《かんべ》家を継いでいた信孝の分限では、動員兵力はたかが知れている。このため、明智光《みつ》秀《ひで》の領国である丹波のほか、伊勢や伊賀からも動員した。また、四国に影響力のある三好家の長老三好康長《やすなが》の養子になったようである（『宇野主水《うのもんど》日記』）。かつては筒井順慶《つついじゅんけい》の養子になる噂もあったが、今回は、信長の命令書にも「山城守に対し、君臣・父母の思いを成し、馳走すべきこと、忠節たるべく候」（『寺尾菊子氏所蔵文書』）とあり、三好家に養子入りしたのだろう。ただ、宛所は「三七郎殿」とあり、織田名字の可能性も残る（同じ名字宛の場合、名字を省略することがある）。康長は先鋒として、すでに二月に渡海して信孝軍侵攻への地ならしを進めていた。

四国の国割《くにわり》は、讃岐《さぬき》は信孝、阿波は康長、土佐と伊予は信長が淡路島へ出馬した時に公表する予定だった。長宗我部元親《もとちか》の動向次第だったのだろう。信孝は五月二十五日、安土城で信長に謁見し、安土衆から人馬、兵粮などの餞《はなむけ》を受けたという。二十七日に出陣し、住吉《すみよし》に着陣。四国渡海軍は宣教師の記録によると一万四千人ほどの大軍だったが、寄せ集めの軍に過ぎなかった。信長の死を聞くと四散した幻の軍でもあった。

五月二十九日、信長は結果的には最後となった上洛をする。本丸、二の丸にそれぞれ留守衆を置いて〈御小姓衆二、三十人召し連れられ、御上洛。すぐに中国へ御発向なさるべきの間、御陣用意仕り候て、御一左右《ごいっそう》次第、罷り立つべきの旨御触れにて、今度は御伴これなし（信長は小姓衆二、三十人を率いて上洛した。上洛後、ただちに中国方面へ出馬するので、家臣に対しては出陣準備を調えておき、命令あり次第、出発するように命じたため、今回の上洛には随伴しなかった）〉。無防備な状態で上洛した。信長が小人数で移動するのはそれほど珍しくもなく、この時だけ油断していたとする見方は的外れである。

この五月は小の月であり、翌日は六月一日になる。この時の上洛の様子は公家の日記にも記されており、比較的動きがよくわかる。『兼見卿記』には、五月二十九日に上洛し、翌一日には諸家がお礼に参上して対面した旨などが記されている。山科言経《やましなときつね》の『言経卿記』も同様の記述だが、一日の対面では「数刻御雑談」したことが記されている。勧修寺《かじゅうじ》晴豊《はれとよ》の『日々記《にちにちき》』には、五月二十九日上洛し、公家衆は粟田口《あわたぐち》まで迎えに出向いたが、無用とのことで帰り、翌一日条では西国攻めに触れている。四日に出陣予定しており、「手立て造作あるまじきこと〈簡単に平定できるだろう〉」と豪語していたことを記している。

信長の最期

六月一日、諸家と対面し、四日には西国に出陣予定していたが、二日未明、明智光秀軍に急襲されて自害し、目前に迫った「天下統一」の夢も潰《つい》え去った。

光秀は五月二十六日、居城の亀山《かめやま》城に帰城。出陣準備の合間に愛宕山《あたごやま》に参籠して連歌も興行していたが、六月一日夜に出陣。〈丹波国亀山にて維任《これとう》日向守光秀逆心を企て、明智左馬助《さまのすけ》、明智次右衛門《じえもん》、藤田伝五《ふじたでんご》、斎藤内蔵佐《くらのすけ》、三澤昌兵衛《みぞうしょうべえ》、これらとして談合をあい究《きわ》め、信長無人にて御上洛候間、討ち果たし、天下の主となるべき調儀を究め〈丹波国亀山城において明智光秀が謀反を企て、明智秀満《ひでみつ》、明智光忠《みつただ》、藤田行政《ゆきまさ》、斎藤利三《としみつ》、三沢秀次《ひでつぐ》〔溝尾庄兵衛〕と談合を尽くし、信長は少人数で上洛しているのでこの機会に討ち果たし、天下人となるための策略を定め〉〉て出陣した。本能寺の変の要因についてはさまざまな議論があるが、牛一の認識では天下人になるためであり、いわゆる野望説となる。四国支配をめぐる「四国説」は論外だが、怨恨説は信長の非を語ることにつながるため避けたという見方もある。

のちに秀吉も表現しているように「夜討ち同然」の急襲であり、しかも無防備なところを大軍に包囲されたのだから、文字通り絶体絶命である。〈信長も御小姓衆も、当座の喧嘩《けんか》を下々の者ども仕出し候（信長も小姓衆も下々の者がその場限りの喧嘩を仕出かしている）〉と思っていたが、〈鬨《とき》の声を上げ、御殿へ鉄炮を打ち入れ（鬨の声を上げ、信長のいる御殿へ鉄砲を撃ちかけ）〉てきたことで謀反であることがわかった。かなり知られた場面だが、信長が〈いかなる者の企てぞ（誰が謀反したのか）〉と問えば、森成利が〈明智が者と見え申し候（明智光秀の軍勢のようです）〉と言上し、信長は〈是非に及ばず（是非を論ずるまでもない）〉と発し、敵軍に対した。

〈信長初めには御弓を取り合い、二・三つ遊ばし候えば、何《いず》れも時刻到来候て、御弓の弦《つる》切れ、その後御鑓にて御戦いなされ、御肘《おんひじ》に鑓疵を被られ引き退き、この時までおそばに女ども付きそいて居り申し候を、「女はくるしからず、急ぎ罷り出でよ」と仰せられ、追い出させられ、すでに御殿に火を懸け焼け来たり候。御姿をお見せあるまじきとおぼしめされ候か、殿中奥深く入り給い、内よりもお南戸《なんど》の口を引き立て、情けなくお腹めされ候。女どもこの時まで居り申し候て様躰《ようだい》見申し候と物語候（信長は、最初は弓を取って矢を放ったが、弦が切れたため鑓で戦い、肘に鑓疵を受けて退いた。この時まで女房衆がそばに付き添っていたが、「女は構わないので急いで遁れよ」と命令して退去させた。すでに御殿に火が回ってきていたので、最期の姿を敵には見せないと思われたのか、殿中の奥深くに入り、内側から納戸の戸口を引いて閉め、嘆かわしくもご自害なされた。女房衆はこの時までいたので、信長公の最期の様子を見た、とその一部始終を話した)〉

牛一は、『信長公記』編纂にあたって、本能寺の変を遁れて生き延びた女房衆に取材していたことがわかる。これは池田本の記述だが、同じ自筆でも建勲本には女房衆から聞いた旨の記述はない。池田本によって牛一の取材源がわかるが、牛一はこうした取材源を省略している場合も想定でき、『信長公記』には、この記述以外にも、牛一がのちに独自取材した事実が盛り込まれている記事があると思われる。

『信長公記』の伝本の中には、肘の疵は鑓疵ではなく、鉄砲に当たったという記載もある。これは宣教師の記録(「一方の腕に銃弾を受けた」)とも符合する。同様に、この時手にしていた武器についても槍ではなく、長刀《なぎなた》というのも一致している。のちにこうした情報を入手して、書き換えたのだろうか。

この日のうちに安土に信長父子の悲報が届き、最初は言葉に出すことも憚って目と目を見合わせているだけだったが、確報が入ると、〈身の介錯に取り紛れ、泣き悲しむ者もなし(自分自身のことに精一杯で、泣き悲しむ者はいなかった)〉というありさまとなった。信長父子の不慮の死を悲しむ余裕もなく、〈日頃の蓄え、重宝の道具にもあい構わず、家々を打ち捨て、妻子ばかりを引き連れ〳〵、美濃・尾張の人々は本国を心ざし、思い思いに退かれたり（日頃の蓄えや重宝の道具も持ち出さず、家を捨て、妻子だけを伴って、美濃や尾張出身の人々は本国に向けて思い思いに帰国した）〉。信長の遺族は二の丸の留守居だった蒲生賢秀《がもうかたひで》が居城の日野《ひの》城に引き取り、明智軍の略奪から守った。

『信長公記』の最後の部分は、家康一行が堺で信長自害の報を得たあと、宇治田原《うじたわら》を経由して尾張熱田の港へ着いたところで閉じている。

おわりに――『信長公記』が遺したもの

信長を敬愛し、その臣下であったことを誇りとした太田牛一が、もし『信長公記』を著していなかったら、今日、われわれが思い描く信長像は、奥行きのないもっと平板なものだったと思わざるを得ない。とくに信長の前半生は、残された史料も少なく、まとまった史料としては『信長公記』しかないといっても過言ではない。

また、永禄十一年（一五六八）の上洛以降は、信長の存在が「全国区」になったことで、京都やその周辺の公家、僧侶、茶人などの記録にその足跡が記されているが、やはり断片的でしかない。それに比して牛一は、若いころは信長の弓衆としてそば近く仕え、その後も丹羽長秀の与力的な位置づけで奉行職などをこなしており、信長の行動をつぶさに見ていたと思われる。それを持ち前の筆まめさで記録していたことで、英雄の一代記として他に抜きん出る出来栄えで後世のわれわれに信長の「生」の姿を伝えてくれている。

牛一は、かつては信長の右筆とされたこともあったが、現在では否定されている。たしかに信長専属の右筆ではなかったかもしれないが、翻って考えてみると、信長の事績をこれだけ綿密に拾って記事にするというのは、並大抵の努力ではできなかっただろう。単なる記録魔でも不可能ではないだろうか。『信長公記』で最も古態を留めている『安土日記』は、同時進行の記録のようですらある。単なる備忘録的なものであれば、欠字の配慮をする必要もなかったと思われる。『信長公記』は信長の公認を得ていたというのは言い過ぎだが、これに近いかたちで、情報収集にあたって便宜を与えられていたという想像をしたくなるほどの情報量である。

豊臣秀吉には、小瀬甫庵の『太閤記』など一連の太閤記が伝わっているが、信長の『信長公記』と比べると、見劣りする。そもそも著者の甫庵は秀吉と同時代に生きた人物だが、秀吉に仕えたことはなかった。また、秀吉がお伽衆《とぎしゅう》の大村由己《おおむらゆうこ》に命じて執筆させた『天正記《てんしょうき》』(『秀吉事記《ひでよしじき》』)があるが、秀吉の命であり、「官撰」の要素が強い。徳川家康に至っては、幕府が編纂した膨大な家康の史料があるが、幕府のフィルターが反映されており、『信長公記』とは比較にならない。

ただし、『信長公記』も、信長側の記録に変わりはない。カリスマ的な信長の風姿を文字通りに受け取るのは、やはり危険である。割り引いて読む姿勢も備えておく必要があるだろう。

最後に、これだけの記録を残してくれた牛一に改めて感謝したい。

織田信長略年譜

（年齢は数え年）

年号	西暦	年齢	出来事
天文三年	一五三四年	一歳	五月、尾張国勝幡城に生まれる。
天文十三年	一五四四年	十一歳	九月、父信秀、斎藤道三に大敗する。
天文十五年	一五四六年	十三歳	この年、古渡城で元服し、織田三郎信長と名乗る。
天文十六年	一五四七年	十四歳	この年、今川方の三河の吉良大浜を攻撃し、初陣を飾る。
天文十八年	一五四九年	十六歳	二月、斎藤道三の息女「濃姫」（帰蝶）、信長に嫁すという。
天文二十一年	一五五二年	十九歳	三月、父信秀、病死する。
天文二十二年	一五五三年	二十歳	四月、斎藤道三と濃尾国境に近い富田の聖徳寺で会見する。
天文二十三年	一五五四年	二十一歳	正月、今川方の村木砦を攻略する。五月、清洲城を攻略し、清洲城に移る。
天文二十四年（弘治元年）	一五五五年	二十二歳	六月、実弟喜六郎（秀孝）、誤殺される。
弘治二年	一五五六年	二十三歳	四月、斎藤道三、実子義龍に討たれる。八月、実弟信勝の軍勢と稲生原で戦い、勝利する。
永禄二年	一五五九年	二十六歳	二月、初めて上洛し、将軍足利義輝に謁見する。
永禄三年	一五六〇年	二十七歳	五月、今川義元を桶狭間の戦いで討ち取る。
永禄六年	一五六三年	三十歳	二月、小牧山城の築城を開始する。

永禄十年	一五六七年	三十四歳	八月、稲葉山城を攻略する。
永禄十一年	一五六八年	三十五歳	九月、将軍候補の足利義昭を奉じて上洛する。
永禄十二年	一五六九年	三十六歳	正月、三好軍に将軍御所の本国寺を急襲され、急遽、岐阜から上洛する。十月、北畠氏の大河内城を攻撃し、降伏させる。
永禄十三年（元亀元年）	一五七〇年	三十七歳	四月、越前攻めに出馬するが、浅井長政の裏切りで退却する。六月、浅井・朝倉連合軍と姉川で戦い、勝利する。九月、大坂本願寺、挙兵する。
元亀二年	一五七一年	三十八歳	九月、比叡山延暦寺を焼き討ちする。
元亀三年	一五七二年	三十九歳	七月、嫡男信忠、浅井攻めで初陣する。十二月、徳川家康に援軍を派遣するも三方ヶ原の戦いで武田信玄に敗れる。
元亀四年（天正元年）	一五七三年	四十歳	四月、反旗を翻した将軍義昭を威嚇し、和睦する。七月、再度謀反した義昭を槇島城に攻め、追放する。八月、朝倉義景を滅ぼす。九月、浅井長政を滅ぼす。
天正二年	一五七四年	四十一歳	三月、東大寺の名香「蘭奢待」を切り取る。九月、長嶋の一向一揆を討伐する。
天正三年	一五七五年	四十二歳	五月、長篠の戦いで武田勝頼に大勝する。八月、越前を再征し、一向一揆を討伐する。十一月、従三位・権大納言に叙任する。ついで右大将に任官する。
天正四年	一五七六年	四十三歳	正月、安土城の築城を開始する。五月、大坂本願寺攻めの大将原田直政討死の急報を受け、援軍に駆け付け寡兵で本願寺軍を打ち破

天正五年	一五七七年	四十四歳	八月、柴田勝家を大将として加賀に派遣するも上杉謙信に敗れるという。十月、松永久秀父子が謀反し、嫡男信忠を総大将として派遣、信貴山城に滅ぼす。
天正六年	一五七八年	四十五歳	正月、主だった家臣を茶会に招く。十月、荒木村重、反旗を翻す。十一月、九鬼水軍、毛利水軍を撃破する。
天正七年	一五七九年	四十六歳	五月、安土城天主に移徙する。安土宗論。八月、明智光秀、丹波国をほぼ平定する。九月、女婿の松平信康、自害する。十一月、京都邸の二条御新造を誠仁親王一家に譲る。
天正八年	一五八〇年	四十七歳	正月、羽柴秀吉、別所氏の三木城を開城させる。閏三月、本願寺を赦免する。八月、本願寺、大坂の地を退去する。佐久間信盛、林秀貞らを追放する。十一月、柴田勝家、ほぼ加賀国を平定する。
天正九年	一五八一年	四十八歳	正月、安土で左義長を挙行する。二月、京都で馬揃えを挙行する。三月、禁中からの要望に応え、再度馬揃えを挙行する。九月、伊賀国を平定する。十月、羽柴秀吉、鳥取城を開城させる。
天正十年	一五八二年	四十九歳	三月、武田勝頼を滅ぼす。五月、徳川家康ら一行を安土で饗応する。六月、本能寺の変。

和田裕弘（わだ・やすひろ）

1962年（昭和37年），奈良県に生まれる．戦国史研究家．織豊期研究会会員．著書に『織田信長の家臣団—派閥と人間関係』『織田信忠—天下人の嫡男』『天正伊賀の乱』（いずれも中公新書），『真説 本能寺の変』（共著，集英社），『信長公記を読む』（共著，吉川弘文館），『『信長記』と信長・秀吉の時代』（共著，勉誠出版）など．

信長公記《しんちょうこうき》
—戦国覇者《せんごくはしゃ》の一級史料《いっきゅうしりょう》

中公新書 2503

2018年 8月25日初版
2022年11月25日 6版

著　者　和田裕弘
発行者　安部順一

本文印刷　三晃印刷
カバー印刷　大熊整美堂
製　　本　小泉製本

発行所　中央公論新社
〒100-8152
東京都千代田区大手町 1-7-1
電話　販売 03-5299-1730
　　　編集 03-5299-1830
URL https://www.chuko.co.jp/

Published by CHUOKORON-SHINSHA, INC.
Printed in Japan　ISBN978-4-12-102503-6 C1221

中公新書刊行のことば

一九六二年一一月

いまからちょうど五世紀まえ、グーテンベルクが近代印刷術を発明したとき、書物の大量生産は潜在的可能性を獲得し、いまからちょうど一世紀まえ、世界のおもな文明国で義務教育制度が採用されたとき、書物の大量需要の潜在性が形成された。この二つの潜在性がはげしく現実化したのが現代である。

いまや、書物によって視野を拡大し、変りゆく世界に豊かに対応しようとする強い要求を私たちは抑えることができない。この要求にこたえる義務を、今日の書物は背負っている。だが、その義務は、たんに専門的知識の通俗化をはかることによって果たされるものでもなく、通俗的好奇心にうったえて、いたずらに発行部数の巨大さを誇ることによって果たされるものでもない。現代を真摯に生きようとする読者に、真に知るに価いする知識だけを選びだして提供すること、これが中公新書の最大の目標である。

私たちは、知識として錯覚しているものによってしばしば動かされ、裏切られる。私たちは、作為によってあたえられた知識のうえに生きることがあまりに多く、ゆるぎない事実を通して思索することがあまりにすくない。中公新書が、その一貫した特色として自らに課すものは、この事実のみの持つ無条件の説得力を発揮させることである。現代にあらたな意味を投げかけるべく待機している過去の歴史的事実もまた、中公新書によって数多く発掘されるであろう。

中公新書は、現代を自らの眼で見つめようとする、逞しい知的な読者の活力となることを欲している。

中公新書

日本史

d1

- 2189 歴史の愉しみ方 磯田道史
- 2455 日本史の内幕 磯田道史
- 2295 天災から日本史を読みなおす 磯田道史
- 2579 米の日本史 佐藤洋一郎
- 2389 通貨の日本史 高木久史
- 2321 道路の日本史 武部健一
- 2494 温泉の日本史 石川理夫
- 2671 親孝行の日本史 勝又基
- 2500 日本史の論点 中公新書編集部編
- 1617 歴代天皇総覧（増補版） 笠原英彦
- 2302 日本人にとって聖なるものとは何か 上野誠
- 2619 もののけの日本史 小山聡子
- 1928 物語 京都の歴史 脇田修・脇田晴子
- 2345 京都の神社と祭り 本多健一
- 2654 日本の先史時代 藤尾慎一郎
- 2709 縄文人と弥生人 坂野徹
- 482 倭国 岡田英弘
- 147 騎馬民族国家（改版） 江上波夫
- 2164 魏志倭人伝の謎を解く 渡邉義浩
- 1085 古代朝鮮と倭族 鳥越憲三郎
- 2533 古代日中関係史 河上麻由子
- 2470 倭の五王 河内春人
- 2462 大嘗祭―天皇制と日本文化の源流 工藤隆
- 2095 『古事記』神話の謎を解く 西條勉
- 1502 日本書紀の謎を解く 森博達
- 2362 六国史《りっこくし》―日本書紀に始まる古代の「正史」 遠藤慶太
- 2673 国造―大和政権と地方豪族 篠川賢
- 804 蝦夷《えみし》 高橋崇
- 1041 蝦夷《えみし》の末裔 高橋崇
- 2699 大化改新（新版） 遠山美都男
- 1293 壬申の乱 遠山美都男
- 2636 古代日本の官僚 虎尾達哉
- 1568 天皇誕生 遠山美都男
- 2371 カラー版 古代飛鳥を歩く 千田稔
- 2168 飛鳥の木簡―古代史の新たな解明 市大樹
- 2353 蘇我氏―古代豪族の興亡 倉本一宏
- 2464 藤原氏―権力中枢の一族 倉本一宏
- 2563 持統天皇 瀧浪貞子
- 2457 光明皇后 瀧浪貞子
- 2648 藤原仲麻呂 仁藤敦史
- 2452 斎宮―伊勢斎王たちの生きた古代史 榎村寛之
- 2441 大伴家持 藤井一二
- 2510 公卿《くぎょう》会議―論戦する宮廷貴族たち 美川圭
- 2536 天皇の装束 近藤好和
- 2559 菅原道真 滝川幸司
- 2281 怨霊とは何か 山田雄司
- 2662 荘園 伊藤俊一
- 2725 奈良時代 木本好信
- 2729 日本史を暴く 磯田道史

中公新書

日本史

d2

- 2127 河内源氏 元木泰雄
- 2573 公家源氏―王権を支えた名族 倉本一宏
- 2705 平氏―公家の盛衰、武家の興亡 倉本一宏
- 2655 刀伊の入寇 関幸彦
- 1622 奥州藤原氏 高橋崇
- 1867 院政（増補版） 美川圭
- 608 613 中世の風景（上下） 阿部謹也・網野善彦・石井進・樺山紘一
- 1503 古文書返却の旅 網野善彦
- 1392 中世都市鎌倉を歩く 松尾剛次
- 2336 源頼政と木曽義仲 永井晋
- 2526 源頼朝 元木泰雄
- 2678 北条義時 岩田慎平
- 2517 承久の乱 坂井孝一
- 2461 蒙古襲来と神風 服部英雄
- 2653 中先代の乱 鈴木由美

- 1521 後醍醐天皇 森茂暁
- 2601 北朝の天皇 石原比伊呂
- 2463 兼好法師 小川剛生
- 2443 観応《かんのう》の擾乱《じょうらん》 亀田俊和
- 2179 足利義満 小川剛生
- 978 室町の王権 今谷明
- 2401 応仁の乱 呉座勇一
- 2058 日本神判史 清水克行
- 2139 贈与の歴史学 桜井英治
- 2481 戦国日本と大航海時代 平川新
- 2688 戦国日本の軍事革命 藤田達生
- 2343 戦国武将の実力 小和田哲男
- 2084 戦国武将の手紙を読む 小和田哲男
- 2593 戦国武将の叡智 小和田哲男
- 1213 流浪の戦国貴族近衛前久 谷口研語
- 2665 三好一族―戦国最初の「天下人」 天野忠幸
- 1625 織田信長合戦全録 谷口克広

- 1782 信長軍の司令官 谷口克広
- 1907 信長と消えた家臣たち 谷口克広
- 1453 信長の親衛隊 谷口克広
- 2421 織田信長の家臣団―派閥と人間関係 和田裕弘
- 2503 信長公記《しんちょうこうき》―戦国覇者の一級史料 和田裕弘
- 2555 織田信忠―天下人の嫡男 和田裕弘
- 2645 天正伊賀の乱 和田裕弘
- 2622 明智光秀 福島克彦
- 784 豊臣秀吉 小和田哲男
- 2557 太閤検地 中野等
- 2265 天下統一 藤田達生
- 2357 古田織部 諏訪勝則

日本史

日本史

d4

現代史

現代史